제자훈련 2.0 Ⅲ

온전한 제자의 삶

제자훈련 2.0 | 오정현 지음

온전한 제자의 삶

III

국제제자훈련원

온전한 제자가 되라

한국교회에 교회 중심의 제자훈련 사역이 접목되기 시작한 지 30년이 더 지났다. 이 기간 동안 마치 한국 경제의 압축성장처럼, 제자훈련 사역도 개념적으로나 훈련 방식에 있어 다양한 시행착오를 거치면서 많은 성장과 변화를 겪었다. 한국교회와 성도들에게 제자훈련은 개념은 물론 용어 자체가 낯설었다. 그래서 지난 수십 년은 평신도를 깨우기 위해 "왜 제자훈련이 필요한가?"라는 질문을 지속적으로 던지면서, 제자훈련의 필요성에 대해 집중했던 시간이었다. 그 결과 반세기 전만 해도 낯설었던 제자훈련이라는 말은 이제 한국교회에서 일상어처럼 사용되고 있고, 때로는 너무도 익숙해서 진부하게 들릴 정도가 되었다. 이제는 누구도 제자훈련의 필요성에 대해서 주저하거나 의문을 갖는 경우는 없다고 해도 결코 지나치지 않을 것이다.

제자도의 수준을 한 단계 더 상향조정 해야 할 때

제자훈련을 통해 우리가 지향해야 할 지상목표는 예수님을 닮은 온전한 제자가 되는 것이다. 예수님을 닮는 것이 제자훈련의 처음이요 마지막이다. 예수님을 닮는다는 것은 예수님처럼 생각하고, 예수님처럼 느끼고, 예수님처럼 행동하는 것이다. 여기서 벗어나는 것은 모두 사이비(似而非)라고 할 수 있다. 그 사람의 생각과 말과 행동에서 예수님을 느낄 수 있다면 그것이야말로 성공한 제자훈련이다.

그렇다면 예수님을 닮는 제자훈련이란 무엇인가? 내 삶이 예수님을 증거하는 것이다. 가정에서, 교회에서, 직장에서, 사회에서 "예수님이 설명되는 인생", "예수님이 주어가 되는 인생"을 사는 것이 예수님을 증거하는 것이요 제자훈련의 목적이다. 이 교재는 이것을 목표로 삼고 있다. 어떤 장소, 어떤 경우에도 삶 자체에서 예수님이 설명되는 인생에 집중하고 있다.

그렇다면 예수님을 증거하는 인생, 예수님이 설명되는 삶을 위해서 요구되는 것은 무엇인가? 예수님처럼 전인격적인 온전함을 생활 속에서 실현하는 것이다. 첫째는 사고(생각과 지성)의 온전함이다. 훈련을 지원하면 뭔가 된 줄로 알고, 자아가 실현된 줄 아는 사람들이 있다. 그러나 제자훈련은 사고의 충족이 아니라 니고데모처럼 사고의 거듭남이 우선되어야 한다. 두 번째로 감정의 온전함이다. 교회에서는 괜찮은 것 같은데 성격적으로 사회에서나 집안에서는 존중 받지 못하는 경우가 있다. 훈련을 통해 예수님의 마음에 접붙임됨으로 갈

등과 상처의 치유자로 중심에 서야 한다. 세 번째로 의지의 온전함이다. 열매 맺는 결단이 있어야 한다. 도전(Challenge)만 받으면 안 된다. 변화(Change)되어야 한다. 네 번째로, 관계의 온전함이다. 말 한마디 표정 하나에 빚진 자의 용서와 사랑이 녹아지고 드러나야 한다. 마지막으로 행실의 온전함이다. 제자훈련 받은 자의 행실의 절대 기준은 세례 요한처럼 오직 예수님의 이름이 높아지고, 하나님의 나라가 세워지느냐에 달려 있다. 사고나 감정, 의지는 내면의 문제이다. 관계와 행실은 외적으로 드러나는 부분이다. 이것이 균형을 잡아야 한다. 그래야 예수님을 닮은 온전한 제자가 될 수 있다.

완벽한 사람은 없다. 어떤 사람도 다섯 가지가 조화된 사람은 없다. 그러나 지혜로운 사람은 부족한 것을 채우려고 한다. 제자훈련이란 그 온전함의 고봉(高峰)을 향해 진력(盡力)하는 과정이다.

값을 치러야 할 때

은혜는 주님이 값없이 주시는 것이지만, 진짜 은혜는 은혜에 빚진 자로서 자원하는 종이 되어 값을 치를 때 받는 것이다. 값을 치르는 삶은 제자훈련의 진리이다. "하나님이 시시하지 않은 것처럼 우리도 시시하지 않고, 하나님이 위대하신 것처럼 우리도 위대하다"가 진정한 신앙고백이 되려면 예수님의 제자로서 먼저 값을 치르는 삶을 살아야 한다. 열매 없는 일에 투자를 중단하고 열매 맺는 삶을 위해 자신을 내어놓고 희생하는 것이 값을 치르는 것이다. 예수님의 삶이 그러했듯이 진리와 가치를 위해 생명을 거는 것은 제자훈련생의 숙명이다.

주님의 일에는 무임승차가 없다. 제자훈련의 가장 큰 적은 졸속(拙速)이다. 마귀는 지금 당장 돌을 가지고 떡을 만드는 속성과를 추천한다. 그러나 하나님은 기다림을 통해 하나님만을 진실되게 신뢰하는 법을 배우게 하시는 것이다. 당장 응답된다면 왜 믿음이 필요하겠는가? 하나님은 우리의 값을 치르는 삶을 통해 그의 백성으로 테스트하시고 시대의 용장으로 세워가시는 것이다.

제자의 길은 십자가를 통한 자기부인(自己否認)이지 자아실현(自我實現)이 아니다. 제자훈련은 자아실현이 아니라 자기부인을 통해 예수님처럼 되고(being) 예수님처럼 사는 것(doing)이다. Being과 Doing이 균형 잡혀야 한다.

많은 사람들이 선지자적 비관론에 사로잡혀 선지자적 비판론으로 나가는 이 시대에 제사장적 책임론을 가지고 소명을 완수하는 제자훈련, 내 뜻과 내 행동의 일치를 넘어 내 생각과 하나님의 생각이 일치하는 삶을 사는 제자훈련, 예수님의 보혈 앞에서는 모든 것을 멈추고 신앙의 차렷자세를 회복하는 제자훈련이 핵심이다.

이 교재는 제자훈련생이 세속의 파고 속에서도 작은 예수로서 예수님처럼 되고, 예수님처럼 사는 것을 목표로 하고 있다. 그것은 개인적으로 제자훈련(Disciple Making Spiritual Formation)을 통해 전인격적으로 예수님을 닮아가는 영적 성숙(Spiritual Maturity)을 이루는 것이다. 교회적으로는 목자의 심정으로 감당해 가는 성육신적 제자훈련 사역을 통해 "제자들이 선교하는 교회"(Disciple Making

Mission Church)로 영적 승법번식(Spiritual Multiplication)을 이루는 것이다. 사회적으로는 훈련되고 준비된, 소명 받은 제자들을 통하여 사회적 섬김(Disciple Making Diakonia)을 감당하는 영적 공동체(Spiritual Community)를 형성하는 것이다.

이제 예수님을 닮기 위한 제자훈련이 시작된다. 결코 제자훈련 자체가 목적일 수 없다. 제자훈련을 통해 예수님을 전인격적으로 닮은 온전한 삶을 사는 것이 목표이다. 이미 치열한 영적인 전투가 시작되었다. 영적 복음의 전사의식, 영적 군인정신을 가지고, 오직 예수님만으로 설명되는 인생이 되기 위해 날마다 전진하는 사람이 되기를 바란다.

들어가며

III 온전한 제자의 삶

부록

“아버지께서 나를 보내신 것같이

나도 너희를 보내노라”

요한복음 20장 21절

III

온전한 제자의 삶

서문

Ⅰ권에서 우리는 왜. 온전한 제자가 되어야 하는지, 온전한 제자가 되는 것이 가능하기는 한 것인지, 가능하다면 온전한 제자가 되는 길은 무엇인지, 온전한 제자가 되기 위한 기초는 무엇인지를 다루었다. 그리고 Ⅱ권에서는 예수님의 온전한 제자로 살아가는 데 기둥과 같은 역할을 하는 성경 교리를 다루었다.

이제 Ⅲ권에서는 예수님의 온전한 제자가 갖추어야 할 균형잡힌 신앙 인격과 삶과 사역의 열매를 다루게 된다. 모든 훈련생들이 생각, 감정, 의지, 관계, 행실에 있어 균형잡힌 온전한 제자가 되어 예배, 가정, 일터, 선교, 문화 현장에서 아름답게 믿음을 꽃피우고 열매맺게 되기를 기대한다.

1과

보냄 받은 제자

예수님의 제자로 부름 받았는가? 제자로의 부름에는 삶에서 실제 제자로 살아가는 것이 포함된다. 예수님의 제자는 예외 없이 보냄 받은 '사명 중심의 삶'을 살아야 한다.

주님은 안락의자에 앉아 유유자적하라고 우리를 부르신 것이 아니라 하나님의 뜻을 이루는 제자로 보내기 위하여 부르셨다. 세상은 화려한 길, 지배하는 길, 높아지는 길을 추구하지만 예수님이 가르치신 제자의 길은 '십자가의 길', '섬김의 길', '낮아짐의 길', 즉 '자기부인과 자기희생의 길'이다. 그것은 한마디로 '급진적인 제자도'(the Radical Discipleship)라고 할 수 있다. 이처럼 결코 쉽지 않은 제자의 길을 가기 위해서는 지혜도 필요하고 구체적인 방법도 필요하다.

온전한 제자상이 절실한 이때에 예수님의 보냄 받은 제자로서 삶의 현장에서 어떻게 살아야 하는지 예수님의 가르침을 통해 더욱 분명히 배우는 시간이 되도록 하자.

01

예수님은 우리를 제자로 부르실 때 분명한 목적을 가지고 부르셨다. 예수님이 제자를 부르신 목적과 의미를 성경에서 찾아보자.

1) 마태복음 4장 18~20절을 읽으라. 예수님이 베드로와 안드레를 제자로 부르신 목적은 무엇인가?

• 마태복음 4장 18~20절

2) 예수님은 제자들을 '사람을 낚는 어부'가 되게 하려고 부르셨다. 예수님이 말씀하신 '사람을 낚는 어부'란 어떤 의미라고 할 수 있는가? (참고 눅 9:1~2)

• 누가복음 9장 1~2절

3) 예수님이 제자들을 사람 낚는 어부가 되게 하려고 부르셨을 때 제자들은 즉시 예수님을 따라나섰다. 만일 오늘 예수님이 당신을 사람 낚는 자가 되게 하겠다고 말씀하신다면 당신은 어떻게 반응하겠는가? 그 이유와 느낌을 자유롭게 나누어보라.

02

예수님의 분명한 목적에 따라 보냄 받은 제자로 부름 받았음에도 불구하고 우리는 종종 특별한 은혜를 경험한 다음 그 자리에 머물고 싶어 한다. 우리를 부르신 예수님이 기대하시는 것은 무엇인지 누가복음 9장 28~32절을 통해 살펴보자.

1) 누가복음 9장 28~32절의 내용을 당신의 말로 간략하게 정리하라.

- 누가복음 9장 28~32절

2) 예수님이 변화산에서 모세와 엘리야와 함께 계신 영광스러운 모습을 본 베드로는 어떤 반응을 보였으며, 그렇게 반응한 이유는 무엇이라고 생각하는가?(눅 9:33)

• 누가복음 9장 33절

3) 베드로는 변화산의 영광을 체험했을 때 그곳에 머물러 있고 싶어했다. 베드로의 모습을 보면서 당신은 무엇을 느끼는가? 그리고 당신이 만약 변화산에서 영광을 체험했다면 어떻게 반응했을지 나누어보라.

03

요한복음 20장은 부활 이후 예수님이 다시 제자들을 만나주시고 그들에게 말씀하시는 장면을 기록하고 있다. 이 장면을 예수님이 그들을 처음 부르실 때 "사람을 낚는 어부가 되게 하리라"(마 4:19)고 하신 소명에 비추어 생각해보자.

1) 부활하신 예수님은 제자들에게 어떤 말씀을 하시는가?

• 요한복음 20장 21절

2) 부활하신 예수님은 제자들을 만난 자리에서 "아버지께서 나를 보내신 것같이 나도 너희를 보내노라"(요 20:21)라고 말씀하셨다. 이 말씀의 의미는 무엇인가?(참고 행 1:8)

• 사도행전 1장 8절

3) 하나님의 보냄을 받은 예수님의 모습을 통해 예수님으로부터 보냄 받은 제자들이 어떠한 자세로 살아가야 하는지 생각해보고 나누라(참고 요 6:38~39, 요 10:10).

• 요한복음 6장 38~39절

• 요한복음 10장 10절

4) 세상으로 나아가야 하는 제자들을 향한 예수님의 간절한 바람을 보면서 당신은 무엇을 느끼는가?

04

부름 받은 제자는 은혜 받은 자리에 머물러 있으려고만 하는 자가 아니라 세상 속에서 하나님의 뜻을 위해 보냄 받은 사명자이다. 당신도 이와 같이 예수님의 보냄을 받은 자임을 인정하는가? 만약 그렇다면 우리 각자가 보냄 받은 자리에서 어떠한 삶의 변화가 일어나야 할지 나누어보자.

지금 내가 가지고 있는 교회론이 사역의 뼈대로 확실하게 뿌리내린 것은 미국에서 목회를 시작하면서부터였다. … 세상으로부터 부름받은 하나님의 백성이라는 특권과 동시에 세상으로 보냄 받은 그리스도의 제자라는 소명을 가진 생명의 공동체가 지상교회다. 만약 하나님 백성의 특권만 강조한다면 하나님을 찬양하고 구원받은 것을 기뻐하며, 우리만의 잔치를 열고 교회 내의 예배에만 온통 에너지를 쏟을 것이다. 그러나 주님께서 그분의 백성들을 세상에 남겨놓으신 이유가 있다. 바로 세상으로 보내시기 위해서다(요 20:21).

한편으로 세상으로부터 부름받은 하나님의 백성이며 동시에 세상으로 보냄받은 그리스도의 제자들의 교회(Disciple Church)라는 개념에서 한 단계 깊어지면서 제자를 재생산하는 교회(Disciple Making Church)로, 그리고 이것은 훈련된 제자들이 선교하는 '제자훈련 선교교회'(Disciple Making Mission Church)로 발전되어 정립되었다.

– 《온전론》(오정현, 국제제자훈련원) 187~189쪽

우리는 처음부터 세상으로 보냄 받기 위해 부름을 받았다. 삶의 현장에서 제자의 사명을 감당하도록 부르심을 받은 것이다. 이 사명을 온전하게 감당함으로써 예수님의 사역이 우리의 삶 속에서 이루어지는 은혜를 간구하자.

2과

제자의 온전한 생각 : 세계관

세계관(world view)이라는 말을 들어보았는가? 글자 그대로 풀어본다면 '세상을 바라보는 관점'이다. 여기서 세상이란 우리의 삶은 물론 모든 피조물 전체를 아우르는 말이다. 세상을 어떤 관점에서 바라보느냐 하는 것은 세상으로부터 부름 받은 예수님의 제자가 세상으로 보냄 받아 제자로서 살아가는 데 커다란 영향을 끼친다. "세계관은 세상과 인생을 내다보는 창이다."* 어떤 세계관을 갖느냐 하는 것은 매우 중요한 문제일 수밖에 없다.

사람은 저마다 나름의 세계관을 갖고 있다. 부름받은 하나님의 백성이요 보냄 받은 예수님의 제자로서 우리는 당연히 하나님의 관점으로 우리 자신과 세상을 바라보아야 한다. 다시 말해 성경적 세계관을 가져야 한다. 하지만 안타깝게도 성도라고 하면서도 여전히 세속적 세계관을 갖고 있는 경우가 적지 않다. 그렇다면 성경은 세상을 어떤 관점으로 보고 있는가? 예수님의 제자로서 갖추어야 하는 올바른 세계관이란 어떤 것인가? 성경에서 그 해답을 찾아보자.

*신국원, 니고데모의 안경, 19쪽

01

성경은 예수님의 제자들이 성경적 세계관을 가져야 한다고 말한다. 즉 세상을 하나님의 관점으로 바라보아야 한다는 것이다. 성경적 세계관에 관한 성경의 가르침이 무엇인지 찾아보자.

1) 세계관은 모든 만물의 기원을 어떻게 보는가와 직접적인 관련이 있다. 성경이 세상에 대하여 최초로 언급하는 창세기 1장 1절을 통해 세상이 어떻게 시작되었는지 찾아보라(참고 롬 11:36).

• 창세기 1장 1절

• 로마서 11장 36절

2) 하나님이 창조하신 세상은 어떤 세상인가? 하나님이 세상을 창조하셨다는 말씀의 의미는 무엇이라고 생각하는가?(참고 창 1: 31)

• 창세기 1장 31절

3) 성경은 하나님이 세상을 창조하셨고 보시기에 좋았다고 말씀한다. 이 말씀에 대해 당신은 어떻게 생각하는가? 그리고 당신이 그렇게 생각하는 이유는 무엇인지 나누어보라.

02

하나님께서 창조하셨고 보시기에 좋았다고 말씀하셨던 이 세상이지만 지금도 그렇다고 보기는 쉽지 않다. 그 이유는 무엇인지, 그리고 예수님의 제자는 이 세상을 어떻게 바라보아야 하는지 말씀을 통해 확인해보자.

1) 로마서 8장 21~22절은 우리가 사는 현재 세상이 어떤 상태라고 말하는가?

• 로마서 8장 21~22절

2) 성경은 하나님께서 창조하신 세상이 신음하고 고통 당하는 가운데 있다고 말한다. 그 이유는 무엇인가?(참고 창 3:17, 롬 3:23)

• 창세기 3장 17절

• 로마서 3장 23절

3) 성경은 세상이 하나님께서 보시기에 좋았다고 말씀하는 한편, 또한 하나님의 진노 아래 있다고 말씀한다(요 3:36). 예수님의 제자로서 당신은 세상을 바라보는 이러한 성경의 관점을 어떻게 생각하는가? 그리고 당신이 그렇게 생각하는 근거는 무엇인가?(참고 렘 17: 9, 막 7:16)

• 예레미야 17장 9절

• 마가복음 7장 16절

4) 세상을 하나님의 창조와 더불어 인간의 타락이라는 맥락으로 보는 성경적 세계관을 비그리스도인들은 어떻게 보는지 나누어보고, 그것에 비추어 성경이 말하는 세계관에 대한 당신의 생각을 말해보라.

03

성경은 세상이 하나님이 보시기에 선하게 창조되었지만 타락으로 인해 악해졌다고 말씀한다. 그렇다면 예수님의 제자로 부름 받은 성도는 세상을 어떻게 바라보아야 하는가? 예수님이 우리에게 말씀하신 세상을 바라보는 관점을 마태복음 5장 팔복 말씀을 중심으로 살펴보자.

1) 예수님께서 복이 있다고 말씀하시는 사람들은 어떤 사람인지 정리해 보라(마 5:3~10).

• 마태복음 5장 3~10절

2) 예수님은 왜 그런 사람들이 복이 있다고 말씀하셨을까?(참고 잠 14:12, 고전 2:14a) 예수님이 말씀하신 복 있는 사람은 일반적으로 세상 사람들이 생각하는 것과 어떤 차이가 있는가? 그런 차이가 있는 이유는 무엇이라고 생각하는지 나누어보라.

• 잠언 14장 12절

• 고린도전서 2장 14a절

3) 복에 대한 예수님의 관점과 세상의 관점이 서로 다른 근본적인 이유는 세계관이 다르기 때문이다. 지금까지 당신은 어떤 사람을 복 있는 사람으로 여겨왔는가?

04

예수님은 산상수훈을 통해 진정한 제자가 가져야 하는 성경적 가치관을 가르치셨다. 산상수훈에 드러난 세계관을 내 것으로 만드는 비결을 찾아보자.

1) 산상수훈이 보여주는 예수님의 관점과 가치관, 즉 성경적 세계관을 지닌 제자로 살아가려면 어떻게 해야 한다고 생각하는가?(참고 엡 4:22~24, 골 3:10)

- 에베소서 4장 22~24절

- 골로새서 3장 10절

2) 타락한 인간은 그 누구도 심령의 변화 없이는 성경적 세계관을 가질 수 없다. 세상 속에 살지만 심령의 변화를 받아 예수님의 제자가 된 당신의 경우, 당신의 세계관 가운데 구체적으로 변해야 할 부분은 무엇인지 돌아보라. 만약 당신이 당신의 배우자와 자녀, 부모님, 환경 등을 하나님의 관점으로 바라본다면 어떤 변화가 일어날 것이라고 생각하는지 함께 나누어보라.

지금의 세속주의 세계관은 개인주의, 소비주의, 민족주의, 도덕적 상대주의, 과학적 자연주의, 포스트모던적 종족주의가 합쳐서 만든 여러 얼굴을 지닌 괴물이다. 나는 이것이 단지 기질 변화, 대화 문화 확립 등으로 해결될 문제가 아니라고 본다. 이 문제의 뿌리는 가치관, 세계관이고 따라서 영적인 차원의 문제들이다.

– 《온전론》(오정현, 국제제자훈련원) 479쪽

예수님의 제자는 세상에 동화되거나 세상에 순응해서는 안 된다. 거룩으로 무장하고 구별된 삶을 살아야 한다. 세상에 있지만 세상의 것이 아니라 하나님의 것이기 때문이다. 무슬림이었던 이스칸다르 야디드(Iskandar Jadeed) 목사는 이렇게 말했다. "모든 그리스도인들이 그리스도인이라면 오늘날 이슬람은 없을 것이다." 이 시대는 참 예수쟁이들, 삶으로 복음을 보여주는 그리스도인들이 필요하다. 이런 삶은 세계관과 가치관이 바뀌지 않고는 불가능하다.

3과

제자의 온전한 감정

지금 우리 사회는 '분노의 일상화'라는 말이 어색하지 않을 정도로 격렬한 감정의 용광로 속에 있다. 이것은 우리뿐 아니라 전 세계적인 현상이다. 이념이나 진영논리에 사로잡혀, 문제의 빗장이 열리는 순간 즉각적으로 분노를 쏟아내려고 벼르고 있는 듯하다. 이러한 사회의 터질 듯한 분노의 감정들이 교인들의 찢겨진 감정의 틈사이를 비집고 교회로 들어오고 있다. 오늘날 교회의 커튼을 열면 치유되지 않은 감정의 신음소리가 가득하다.

요한 칼빈의 말처럼 "복음을 받아들인다면 이것은 사람의 마음속 가장 깊은 감정에까지 침투해서 영혼 안에 자리를 잡아 그 사람 전체를 바꾸는 영향으로 나타나야 한다." 감정의 문제가 치유되지 않으면 말씀은 겉돌게 되고, 선택적 사랑, 선택적 용서라는 세상사람의 모습과 조금도 다를 바가 없는 변질된 신앙으로 전락하게 마련이다.

훈련을 시작할 때 우리는 모두 기대감 속에 출발했을 것이다. 예수님처럼 살고 예수님을 따르는 모습으로 변화된 자신을 보게 될 소망도 가졌을 것이다. 하지만 지금 예수님을 얼마나 닮아가고 있는가에 대한 질문 앞에 자신 있게 대답할 수 있는가? 여전히 감정 조절도 쉽지 않은 자신 때문에 속앓이를 하고 있지는 않은가?

온전한 제자의 길을 가는 데 감정과 신앙의 관계를 바르게 이해하는 것은 매우 중요하다. 단숨에 해결될 수 있는 것은 아니지만 이번 시간을 통해 더욱 새로워질 자신의 모습을 기대해보자.

01

사람은 다양한 상황과 관계 가운데서 드라마와 같은 인생을 살아간다. 창세기에 등장하는 야곱의 아들 요셉은 그 어떤 드라마의 주인공보다 극적인 인생을 살았다. 마음의 상처는 일방적일 수 없고 서로가 주고 받는 것이지만, 우리는 여기서 요셉을 중심으로 그가 겪었던 마음의 아픔과 감정에 대하여 살펴보자.

1) 아버지 야곱이 죽은 후 요셉은 형제들로부터 "네 형들이 네게 악을 행하였을지라도 이제 바라건대 그들의 허물과 죄를 용서하라"는 야곱의 유언을 전해 듣는다(창 50:15~17). 요셉의 형들이 요셉에게 행했던 악, 허물, 죄는 무엇인가?(창 37:23~24, 28)

- 창세기 37장 23~24절

- 창세기 37장 28절

2) 요셉의 형제들은 요셉에게 가히 상상을 초월하는 죄를 저질렀다. 형들은 왜 동생 요셉에게 가족으로서는 해서는 안 될 악행을 저질렀다고 생각하는가?(창 37:4, 8, 11) 상처 난 감정이 또 다른 상처를 만들어내는 것을 보면서 무엇을 느끼는가?

- 창세기 37장 4절

• 창세기 37장 8절

• 창세기 37장 11절

3) 요셉이 가족에게 당한 아픔은 고통의 시작에 불과했다. 계속해서 그에게 어떤 일이 일어나는지 살펴보고, 그런 상황에 처한 요셉의 마음에서 어떤 반응이 일어날 수 있을지 생각해보라(창 39:1, 20, 40:23).

• 창세기 39장 1절

• 창세기 39장 20절

• 창세기 40장 23절

4) 요셉의 삶을 보면 '설상가상'이라는 말이 떠오른다. 당신도 고난이나 고통이 한꺼번에 밀려오는 경험을 한 적이 있는가? 만약 당신이 요셉과 같은 상황에 처했다면 어떤 감정적 반응을 보였을지 생각해보고 나누라.

02

요셉도 연속적으로 찾아오는 어려움을 견뎌내는 것이 결코 쉽지는 않았을 것이다. 요셉이 겪었던 힘든 감정을 엿볼 수 있는 대목을 찾아보라.

1) 요셉이 드러내는 감정을 시간의 흐름을 따라 정리하고, 그가 느꼈을 감정을 당신의 말로 설명해보라(창 42:24, 43:30~31, 45:1~2, 50:17).

- 창세기 42장 24절

- 창세기 43장 30~31절

- 창세기 45장 1~2절

• 창세기 50장 17절

2) 애매히 당한 고통 가운데 마음이 힘들었을 요셉은 애굽의 총리라는 높은 지위에 있는 성인임에도 눈물과 울음으로 그때그때 자신의 감정을 표현하고, 마침내 하나님 안에서 자신의 마음을 정리한다. 창세기 50장 19~21절을 통해 요셉이 정리한 감정이 무엇인지 생각해보고 당신의 느낌을 나누라.

• 창세기 50장 19~21절

3) 자신을 고통으로 몰아넣었던 형제들에 대한 요셉의 태도는 참으로 놀랍다. 요셉이 이렇게 반응할 수 있었던 이유는 무엇이라고 생각하는가?(창 45:7~8)

• 창세기 45장 7~8절

4) 당신은 당신에게 상처와 고통을 준 사람을 요셉이 한 것처럼 대할 수 있겠는가? 당신의 삶에 요셉과 같이 하나님의 관점에서 해석하고 적용해야 할 영역은 없는지 돌아보고 나누라.

03

요셉이 보여주는 것처럼 인간은 모든 일을 하나님의 관점으로 볼 때 비로소 잘못된 감정을 극복하고 감정의 온전함으로 나아갈 수 있게 된다. 어떻게 하면 우리도 요셉처럼 모든 일을 하나님의 마음으로 바라보며 감정의 온전함을 이룰 수 있을지 그리고 감정의 온전함이란 무엇인지 살펴보자.

1) 우리의 내면 세계는 하나님이 누구신지 바로 아는 만큼 회복된다. 다음 시편 구절은 하나님을 어떤 분이라고 말씀하는지 정리하고, 왜 이 말씀이 우리의 감정을 극복하는 비결이 되는지 묵상해보라.

- 시편 139편 1~4절

- 시편 146편 7절

• 시편 147편 3절

2) 하나님이 이런 분이라는 사실을 제대로 믿고 받아들인다면 당신의 삶에 어떤 변화가 일어날 수 있을까? 서로의 경험과 생각을 나누어보라.

3) 완전한 인간이셨던 예수님은 우리의 감정의 온전함을 위해 어떻게 감정을 표현하셨는지 성경에서 찾아보자(마 26:37~39, 눅 7:13, 히 5:7).

• 마태복음 26장 37~39절

• 누가복음 7장 13절

• 히브리서 5장 7절

4) 예수님은 다양한 상황에서 감정을 숨기시는 것이 아니라 그에 적절한 감정적 반응을 하셨다. 예수님이 공생애 기간 동안 말씀하신 "하라", "하지 말라"는 명령 가운데, 많은 부분이 감정에 관한 것들이었다. "두려워 말라", "안심하라", "용서하라", "사랑하라", "기뻐하라", "즐거워하라." 예수님은 감정의 문제를 제대로 다루는 것이 제자의 길에서 심히 중요함을 아셨다. 당신은 자신의 감정을 적절하게 드러내고 반응하는지 자신의 모습을 나누어보라.

04

예수님을 따르는 제자라고 하면서도 삶의 변화가 없고 여전히 정서적으로 불안하다면, 복음이 그 사람의 깊은 감정에까지 침투하지 못했다고 생각할 수 있다. 참된 복음과 건강한 감정은 동전의 양면처럼 같이 가는 것이다. 예수님의 제자는 감정의 앙금을 끌어안고 살 것이 아니라 하나님의 관점으로 상처와 아픔을 재해석하며 살아가야 한다. 예수님의 제자는 이미 갚을 수 없는 십자가의 용서를 받은 자이기 때문이다.

1) 갚을 수 없는 용서를 받은 자임에도 불구하고 당신이 아직 사람이나 상황에 대한 분노나 우울한 감정 등의 어려움을 갖고 있는 이유는 무엇이라고 생각하는가?(참고 엡 4:32)

• 에베소서 4장 32절

2) 당신이 예수님의 제자라면 감정의 온전함을 위해 어떻게 하는 것이 마땅한지 생각해보고, 구체적인 방법에 대해 나누어보라.

우리의 상한 감정이 치유됨을 보이는 가장 큰 증거는 기쁨이다. 기쁨이 시작되면 슬픔과 탄식은 달아날 것이다(사 51:11). … 성도의 기쁨은 우리 스스로가 상황에 따라서 기쁨을 선택하는 자가발전적인 기쁨이 아니라, 주님께서 십자가를 지실 때에 이 험한 세상에서 그의 양들이 풍성한 삶을 살도록 기쁨까지 값주고 사셨다는 사실을 새길 필요가 있다.

사도 바울의 사역의 핵심 키워드 중의 하나도 "주 안에서 기뻐하는 것"이다. 바울의 서신서 곳곳에 기쁨이 보석처럼 빛나고 있다. '주 안에서의 기쁨'은 예수님의 제자로서의 바울이 온갖 굴곡진 삶 가운데서도 마음을 붙들 수 있게 한 거룩한 감정이다. 사도로서 그의 삶은 고통과 고난과 수치와 중상(中傷)의 연속이었다. 그럼에도 그의 상하고 찢긴 마음이 치유되고 건강한 감정을 유지할 수 있었던 것은 주 안에서의 기쁨이라는 감정 외에는 해석할 길이 없다. 주 안에서 기뻐한다는 것은 내가 주님의 사랑받는 존재라서 기뻐하고, 내가 기쁨의 원천이신 예수님을 품었기 때문에 기뻐하고, 내가 처한 환경이 어떠하든지 그것이 하나님께서 허락하신 환경이기에 기뻐하고, 가장 소중한 예수님을 다른 사람에게 나눌 수 있어서 기뻐하는 것이다.

– 《온전론》(오정현, 국제제자훈련원) 370, 389쪽

십자가의 고통을 넘어 부활의 능력을 보여주신 예수님은 상처 입은 우리를 치유자로 부르신다. 주님이 주신 치유의 능력으로 자신의 감정을 믿음의 단추에 끼워 온전한 제자로서 어울리는 인격의 옷을 입은 당신을 보여주어야 한다.

4과

제자의 온전한 관계

우리는 예수님을 구주로 믿음으로 십자가를 통해 하나님과의 강력한 수직적 관계뿐만 아니라 성도 상호간의 강력한 수평 관계로 묶여 있다. 이것은 R. C. 스프롤이 말한 것처럼 "기이하고도 새로운 족보" 관계이다. 이런 면에서 성도의 관계, 혹은 성도가 맺는 관계의 온전함은 세상에서 유명한 인간관계 서적이나 심리적 처방으로는 접근할 수 없는 독특함을 가지고 있다.

당신은 관계의 온전함의 길 위에 있는가? 당신은 예수님 때문에 사랑하기 힘든 사람까지도 사랑하고 있는가?(마 5:43~47) 죄성을 가진 인간의 본성으로는 불가능한 말씀이 아닐 수 없다. 그럼에도 원수를 사랑하라는 명령을 하실(마 5:44) 만큼 하나님께서 관계를 중시하신 이유는 무엇인가? 하나님께는 우리와의 관계가 전부이기 때문이다. 하나님은 피조물과의 관계를 위하여 자신의 외아들을 세상에 보내시고, 십자가에서 죽게 하셨다(요 3:16; 요일 2:2). 한마디로 하나님은 바른 관계를 맺는 일에 올인(all-in) 하신 것이다.

게리 밀러의 말처럼 "복음을 받은 후 사람들은 화해의 전망에 관해 많은 것을 배워야 한다. 우리는 하나님이 얼마나 많은 것들을 준비하셨는지 잘 깨닫지 못한다. 하나님과 화해함은 타인과 화해하고, 섭리의 질서에 순응하며, 영적 세계의 불변 법칙에 순응할 때까지는 완성된게 아니다." 그러므로 성경을 통해 이웃과의 온전한 관계, 진정한 이웃 사랑의 제자도를 찾아보도록 하자.

01

예수님의 제자는 하나님 사랑과 이웃 사랑의 삶을 사는 것이 마땅하다. 하지만 삶의 현장에서 우리는 이웃을 사랑하기보다는 이웃과 갈등을 겪는 경우가 많다. 우리가 어떻게 이웃 사랑의 삶을 살 수 있을지 성경을 통해 살펴보자.

1) 누가복음 10장 25~37절의 내용을 요약해보라.

- 누가복음 10장 25~37절

2) 예수님을 찾아온 율법교사도 영생이 이웃 사랑과 관계가 있다는 것을 알고 있었다(눅 10:27~28). 그럼에도 불구하고 율법교사에게 "강도 만난 자"에 관한 이야기가 필요했던 이유는 무엇인가?(눅 10:29)

3) 예수님의 이웃에 대한 관점은 율법교사와 서로 어떻게 다른가? 이웃에 대한 예수님과 율법교사의 서로 다른 이해를 보면서 당신은 무엇을 느끼는가?(눅 10:36)

4) 예수님이 말씀하시는 이웃 사랑의 원리를 본문에서 찾아보라(눅 10:27b~28, 33, 37). 당신은 이 원리들을 당신의 삶에 어떻게 적용하고 있는지 나누라.

• 누가복음 10장 27b~28절

• 누가복음 10장 33절

• 누가복음 10장 37절

02

이웃 사랑을 말씀하신 예수님은 허물과 죄로 죽었던 죄인들을 위해 죽으심으로 가장 완벽한 이웃 사랑의 모델이 되셨다. 이 놀라운 사랑을 입은 예수님의 제자인 우리는 어떤 삶을 살아야 하는가? 요한1서 3장 16~18절을 통해 살펴보자.

1) 본문은 예수님의 제자라면 반드시 이웃을 사랑해야 한다고 말씀한다. 그 이유는 무엇인가?(요일 3:16)

• 요한1서 3장 16절

2) 당신은 이웃 사랑의 근거가 되는 예수님의 사랑, 즉 우리를 위하여 목숨을 버리신 예수님의 사랑을 얼마나 알고 있다고 생각하는가? 그 사랑 때문에 당신의 삶에 일어난 변화는 무엇인가?

3) 요한1서 3장 17~18절은 우리에게 어떤 사랑을 하라고 말씀하시는가? 이 말씀의 의미는 무엇이라고 생각하는가?

• 요한1서 3장 17~18절

4) 당신은 행함과 진실함으로 사랑해야 함에도 불구하고 도움이 필요한 이웃을 보고도 마음을 닫은 경우는 없는가? 당신의 경험과 느낌을 솔직히 나누어보라(참고 약 2:15~17).

• 야고보서 2장 15~17절

예수님의 제자에게 요구되는 이웃 사랑은 행함과 진실함으로 해야 하는 것이다. 그와 같은 이웃 사랑을 어떻게 실천할지 누가복음 14장 12~14절을 통해 찾아보자.

1) 예수님이 가르치신 이웃 사랑의 실천은 어떻게 하는 것이어야 하는지 생각해보라.

• 누가복음 14장 12~14절

2) 예수님은 왜 이와 같은 이웃 사랑을 말씀하신다고 생각하는가? (참고 마 6:3~4)

• 마태복음 6장 3~4절

3) 당신은 자기만족이나 보상을 기대하며 이웃 사랑을 실천한 적은 없는가? 당신의 경험과 느낌을 솔직하게 나누어보라.

04

예수님의 제자라면 자기만족이나 보상을 기대하지 않고 행함과 진실함으로 이웃을 사랑하는 사랑의 '전진'을 해야 한다. 뒤를 돌아보는 사랑으로는 미운 사람, 자신에게 상처를 준 사람을 사랑할 수 없다. 이와 같은 사랑을 실천해야 할 당신의 이웃은 누구인가? 어떻게 이웃 사랑을 실천할지 이웃 사랑의 대상(가정, 지역, 국내, 해외 등)과 방법(기도, 물질, 봉사 등)을 구체적으로 적어보고 나누어보라.

이웃 사랑에 관해 말할 때마다 우리의 가슴을 뛰게 하는 구절이 있다. “유대인들에게 사십에서 하나 감한 매를 다섯 번 맞았으며”(고후 11:24)라고 말하는 사도 바울의 고백이다. 이렇게 모진 고문을 당하고도 바울은 이렇게 말한다. “나의 형제 곧 골육의 친척을 위하여 내 자신이 저주를 받아 그리스도에게서 끊어질지라도 원하는 바로라”(롬 9:3). 죽기 직전까지 채찍질을 당한 바울의 등은 차마 눈 뜨고 볼 수 없었을 것이다. 난도질을 당한 듯한 끔찍한 자국들이 남았을 것이고, 피부 조직은 움직일 때마다 몸서리쳐질 정도로 아팠을 것이다. 조금 나으면 또 다시 맞는 과정을 5번이나 거치는 동안 그의 등 전체는 마치 3도 화상을 입은 것처럼 신경 조직이 손상되어서 움직일 때마다 고통이 밀려왔을 것이다. 그때마다 그를 때린 유대인들을 생각하면 아마 인간적으로는 몸서리치며 치가 떨렸을 것이다.

그러나 바울은 자신의 몸을 채찍질로 걸레 조각처럼 만들어 놓은 유대인들을 향해서 ‘골육의 친척’이라 하고 있다. 심지어 그 골육의 친척을 위해서라면 하나님의 사랑에서 끊어져도 좋다고 말할 정도로 이웃 사랑, 형제 사랑을 한순간도 포기하지 않았다. 바울이 불가능해 보이는 이웃 사랑을 실천할 수 있었던 이유는 죄인 중의 괴수인 자신을 온전히 은혜로 부르시고 구속하신 십자가의 사랑에 감읍했기 때문이다. 이것이 바로 원수 같은 이웃을 사랑하게 하였던 온전한 관계의 비밀이다. 이처럼 예수님의 구속의 피의 은혜에 진정으로 눈물짓는 그리스도인들만이 원수 같은 사람조차 사랑하는 관계의 온전함을 추구하며 누릴 수 있다.

– 《온전론》(오정현, 국제제자훈련원) 403~404쪽

5과

제자의 온전한 행실 1 : 언어 생활

성도의 행실은 자신이 하나님의 자녀 됨을 드러내는 증거이자, 불신자가 하나님을 보는 거울이기도 하다(마 5:16). 그러나 이미 우리 속에는 아담의 범죄로 인하여 죄악된 행위가 본능처럼 꿈틀대고 있다. 어떻게든 죄의 틈새를 비집고 들어오는 악한 행실을 죽이기 위해서는 공세적인 혈투가 요구된다.

특별히 '말'은 사람의 생각과 인격을 드러내기도 하고 때로는 삶을 지배하기도 한다. "말 한마디에 천 냥 빚도 갚는다" 또는 "말이 씨가 된다"라는 속담은 '말'이 지닌 힘을 보여준다. "칼에 베인 상처는 아물어도 말에 베인 상처는 아물지 않는다"라는 속담을 들어보았는가? '말'이 얼마나 큰 영향력을 가지고 있는지 단적으로 시사한다. 우리는 이미 시대와 공간을 초월하여 '말'이 지닌 힘과 영향력 속에 살고 있다.

그렇다면 예수님의 온전한 제자의 '말', 즉 언어생활은 어떠해야 하는가? 당신은 자신의 언어생활에 어느 정도 점수를 주겠는가? 예수님의 생각과 마음을 드러내야 할 예수님의 제자라면 반드시 성경을 통해 자신이 사용하는 말을 점검해야 한다. 그리고 예수님의 제자다운 언어생활로 선한 말의 능력을 드러내는 제자의 삶을 살아내야 한다.

01

"만일 말에 실수가 없는 자라면 곧 온전한 사람이라"(약 3:2)는 말씀은 말하는 것이 얼마나 어려운 일인지 보여준다. 평상시 당신의 언어생활은 어떤지 점검해보라.

1) 다음 언어습관 유형 중 당신에게 해당되는 것을 솔직하게 표시해보라.

- ☐ 상대방의 말은 잘 듣지 않고 자기 말을 주도적으로 많이 하는 유형
- ☐ 상대방의 말 중에 듣고 싶은 것만 듣고 자기가 하고 싶은 말만 하는 유형
- ☐ 상대방의 말을 많이 듣고 자신의 말은 하지 않는 유형
- ☐ 상대방의 말과 자신의 말을 서로 주고받으면서 소통하는 유형
- ☐ 기타(　　　　　　　　　　　　　　　　　　　　)

2) 당신은 일상생활 가운데 어떤 말(단어)을 가장 많이 사용하는지 생각해본 적이 있는가? 당신이 가장 많이 사용하는 단어 또는 문장은 무엇인지 그리고 왜 그런 말을 많이 사용하는지 나누어보라.

3) 당신의 일상 속 언어생활을 가까이 있는 가족이나 친구들이 평가한다면 어느 정도의 점수를 줄 수 있겠는가? 해당되는 점수에 표하고 그 이유에 대하여 말해보라.

- ☐ 5점: 말실수가 없고 덕을 세우고 격려하는 말을 주로 한다.
- ☐ 4점: 말실수가 간혹 있기는 하지만 덕을 세우고 격려하는 말을 주로 하려고 노력한다.
- ☐ 3점: 말실수를 할 때가 종종 있으며 무감각하고 사무적인 분위기로 말을 한다.
- ☐ 2점: 말실수를 번번이 하고 감정을 잘 절제하지 못하고 즉각적으로 말을 한다.

☐ 1점: 말실수가 많고 타인에 대한 배려보다는 자신의 입장에서 감정적인 말을 주로 한다.

☐ 0점: 말을 하기만 하면 실수를 반복하고 마음과는 달리 상처를 주는 말을 많이 한다.

4) 당신의 언어생활에 대한 당신 스스로의 평가와 다른 사람의 평가가 다를 수 있다. 당신은 타인의 말로 인해 마음의 상처를 받은 경험이 있는가? 혹은 당신이 했던 말로 타인에게 상처를 준 경험은 없는가? 당신의 경험을 나누고 그것을 통해 깨닫게 된 것이 있다면 무엇인지 말해보라.

02

우리의 언어생활을 돌아보면 후회나 부끄러움을 느끼게 되는 경우가 있다. 말에 실수가 있는 것이다. 예수님의 온전한 제자의 길을 따르기로 한 지금도 여전히 언어생활에 문제가 있다면 그 이유는 무엇인지 알아보자.

1) 누가복음 6장 43~45절을 읽고 당신의 말로 요약해보라.

• 누가복음 6장 43~45절

2) 예수님은 "선한 사람은 마음에 쌓은 선에서 선을 내고 악한 자는 그 쌓은 악에서 악을 내나니 이는 마음에 가득한 것을 입으로 말함이니라"(눅 6:45)고 말씀하셨다. 이것은 무엇을 의미하는가?(참고 잠 11:13, 마 15:18~19)

• 잠언 11장 13절

• 마태복음 15장 18~19절

3) 예수님은 왜 말에 관하여 '나무와 열매의 비유'로 교훈하신다고 생각하는가? 당신은 이러한 예수님의 가르침을 보면서 무엇을 느끼는가? (참고 잠 4:23)

• 잠언 4장 23절

4) 성경에 의하면 말의 문제는 말 자체에만 있는 것이 아니다. 말은 사람의 마음과 인격을 드러낸다. 당신의 언어생활에 문제가 있다면 그 근본적인 이유는 무엇이라고 생각하는가? 구체적으로 찾아보고 솔직하게 나누어보라.

03

언어생활이 바르지 못한 근본적인 이유는 마음에 있다. 말과 마음은 서로 유기적이며 말의 뿌리는 마음이라는 것을 보여준다. 예수님이 기뻐하시는 언어생활을 하기 위해 마음을 지키는 방법은 무엇인지 살펴보자.

1) 에베소서 4장 29~32절을 당신의 말로 정리해보라.

• 에베소서 4장 29~32절

2) 우리가 성령을 근심하게 하지 않기 위해서는 더러운 말은 입 밖에도 내지 말라고 말씀하신다(엡 4:29). 우리가 버려야 할 마음과 모습은 어떤 것인지 찾아보라. 특별히 성경이 비판에 대해서 경고하는 이유는 무엇인지 생각해보고 나누라(엡 5:4, 골 3:8, 마 7:1).

• 에베소서 5장 4절

• 골로새서 3장 8절

• 마태복음 7장 1절

3) 성경은 "하나님이 그리스도 안에서 너희를 용서하심과 같이 하라" (엡 4:32)고 엄중히 말씀한다. 이 말씀의 의미는 무엇이라고 생각하는가?(참고 마 18:33~35) 예수님의 제자인 당신이 다른 사람들과 나누는 말에 있어서 본질적인 마음은 어떠해야 한다고 생각하는가?

• 마태복음 18장 33~35절

4) 말의 뿌리가 되는 마음에 대해 배우면서 당신에게 변화가 필요한 부분은 무엇이라고 생각하는가?

04

예수님의 제자는 구원의 은혜, 용서의 은혜를 입은 자라는 정체성이 분명할 때 선한 마음을 지킬 수 있다. 이제 예수님의 제자다운 언어생활을 어떻게 해야 하는지 성경의 가르침을 따라 실천해보자.

1) 삶의 지혜를 가르쳐 주는 잠언 말씀을 통해 '말'에 대한 교훈을 발견해 보라.

① 잠언 12장 18b절 (지혜로운 말)

② 잠언 25장 15b절 (부드러운 말)

③ 잠언 16장 24절 (선한 말)

④ 잠언 31장 26절 (인애의 말)

2) 예수님의 제자로서 당신은 말에 대한 교훈을 당신의 삶에 어떻게 적용할지 결단해보라.

3) 당신이 사용하는 말과 그 뿌리인 마음은 성경 말씀으로 계속 점검 받아야 한다. 성경이 우리의 언어생활에 대해서 분명히 가르쳐주고 있기 때문이다. 당신의 언어생활을 돌아보고 예수님의 제자로서 시급하게 고쳐야 할 부분이 있다면 무엇인지 대상별로 정리하여 기록하라.

"무릇 지킬 만한 것 중에 더욱 네 마음을 지키라 생명의 근원이 이에서 남이니라"(잠 4:23).

마음이 잘 정돈된다면, 죄에서 해방될 뿐만 아니라 죄의 욕구에서도 자유롭게 된다. 마음이 정말 잘 정돈되어 있으면, 사람들은 매우 사랑하게 되고, 속이거나 교묘히 조종하거나 시기하고 싶은 마음이 없어진다. 우리는 속사람부터 변화되어야 한다. 온 세상에 마음이 잘 정돈된 사람만 있다면 어떻게 될지 상상해보라. 가판대의 신문마다 보통 사람들의 아낌없는 자선과 자발적인 희생의 선행 이야기로 가득 찰 것이다. 텔레비전 토크쇼는 남을 무시하는 이야기들이 아니라, 서로를 세워주고 즐겁게 해주는 이야기들이 다뤄질 것이다. 밤이면 아무런 고통 없이 깊은 잠을 잘 수 있으며, 한숨 쉬고 후회하느라고 새벽에 일어날 일도 없을 것이다.

– 《평범 이상의 삶》(존 오트버그, 국제제자훈련원) 305쪽

말은 단순하지 않다. 말은 그 사람의 인격과 생각을 담은 그릇과도 같다. 우리는 "입에서 나오는 것들은 마음에서 나오나니 이것이야말로 사람을 더럽게 하느니라"(마 15:18)라는 예수님의 말씀을 통해 말과 마음의 유기적 관계와 제자의 바른 언어생활의 원리를 명확히 알게 되었다. 이제 당신의 말을 예수님의 마음, 예수님의 인격을 담은 새로운 그릇으로 만들어보라. 당신의 언어생활에 주님이 원하시는 바른 말, 선한 말, 세워주는 말, 아름다운 말, 사랑의 언어가 넘치게 하라.

6과

제자의 온전한 행실 2 : 돈과 재물

한평생 살아가면서 가장 중요한 것, 이것이 없으면 당장 죽을 것 같은 것 하나를 고르라고 한다면 무엇을 선택하겠는가? 교회, 직장, 가족, 친구, 사랑, 명예 등 많은 것이 생각날 것이다. 제자훈련을 받는 훈련생이라면 '예수님'이라고 답할 수도 있다.

그러나 제자훈련의 현장을 떠나 혹독한 현실 속에서도 동일한 대답을 할 수 있겠는가? 교회 밖 일상생활에서는 내 마음 깊은 곳에 '예수님' 대신 '돈'이 차지하고 있지 않은가? 세상 사람들은 물론 수많은 그리스도인조차 돈으로 인해 고통 받고, 시험에 들거나 실족하기도 한다. 돈 때문에 가족과 헤어지고, 교회를 떠나고, 믿음을 헌신짝처럼 버리기도 한다. 사람이 돈의 주인이 아니라 돈이 사람의 주인이 된 것이다. 과연 돈이란 무엇인가?

예수님은 믿음이나 구원 못지않게 물질과 관련된 말씀도 많이 하셨다. 돈에는 우리의 영혼을 파괴시키는 위험 요소가 있다는 사실을 꿰뚫어 보셨다. 우리는 돈에 대해 어떤 태도를 가져야 하는가? 왜곡된 자본주의와 황금만능주의에 물든 현실에서 구별된 삶을 사는 예수님의 온전한 제자의 모습은 무엇인가?

01

예수님의 제자는 돈과 재물에 대해서도 성경의 가르침을 따라야 한다. 돈과 재물에 대한 예수님의 가르침을 통해 제자가 지녀야 할 재물에 대한 성경적 원리를 배워보자.

1) 누가복음 12장 16~21절을 당신의 말로 간단히 요약해보라.

• 누가복음 12장 16~21절

2) 본문에 등장하는 어리석은 부자가 반복적으로 사용하는 표현은 무엇인가?(눅 12:17~19) 어리석은 부자를 보며 무엇을 느끼는가?(참고 눅 12:15)

• 누가복음 12장 17~19절

• 누가복음 12장 15절

3) 하나님은 어리석은 부자에게 무엇이라고 말씀하시는가?(눅 12:20) 예수님이 이 비유의 말씀을 하시는 이유는 무엇이라고 생각하는가? (눅 12:21, 42)

• 누가복음 12장 20절

• 누가복음 12장 21절

• 누가복음 12장 42절

4) 우리는 어리석은 부자의 비유를 통해 재물의 진정한 주인은 하나님이심을 분명히 깨달았다. 모든 만물의 주인이신 하나님께서 재물을 맡기셨다는 청지기 의식을 갖지 못했던 부자의 모습에서 혹시 당신의 모습이 발견되지는 않는가? 예수님이 당신에게 "오늘 밤에 네 영혼을 도로 찾으리니 그러면 네 준비한 것이 누구의 것이 되겠느냐"라고 물으신다면 예수님의 제자로서 당신은 어떻게 반응할지 솔직히 나누어 보라.

02

예수님은 재물에 관해 누가복음 12장 33~34절을 통해 매우 분명하게 말씀하신다. 예수님의 제자로 살아가는 우리가 이 말씀을 통해 배워야 할 것은 무엇인지 찾아보자.

1) 누가복음 12장 33~34절을 당신의 말로 간단히 정리해보라. 예수님이 재물과 관련하여 제자들에게 요구하신 말씀의 핵심은 무엇인가? (참고 눅 12:29~31)

• 누가복음 12장 33~34절

• 누가복음 12장 29~31절

2) 예수님은 왜 그렇게 요구하시는가? 예수님이 요구하시는 것과 제자의 정체성은 서로 어떤 관계가 있다고 생각하는가?(참고 마 6:24, 대상 29:11~12, 롬 11:36)

• 마태복음 6장 24절

• 역대상 29장 11~12절

• 로마서 11장 36절

3) 하나님 아버지께서는 의식주를 포함하여 우리에게 있어야 할 모든 것을 다 알고 계신다(눅 12:30). 이와 같이 하나님께서 당신에게 필요한 모든 것을 아신다는 사실에서 당신은 무엇을 느끼는가?

4) 당신은 하나님이 당신의 필요를 다 알고 공급해주시는 아버지이심을 확신하는가? 그렇다면 재물의 주인이 하나님이심을 고백하는 제자로서 당신의 삶의 모습은 어떠해야 한다고 생각하는가?

03

우리는 누가복음 12장을 통해 재물에 관한 예수님의 교훈을 배웠다. 그렇다면 예수님의 제자로서 그분의 가르침을 따랐던 사도 바울은 돈에 관하여 무엇이라고 교훈하는지 살펴보라.

1) 다음 성경 구절들은 돈에 대하여 무엇을 말씀하는가?

- 디모데전서 6장 9~10절

- 빌립보서 4장 11~12절

2) 돈을 사랑함이 일만 악의 뿌리가 된다는 말씀은 무슨 뜻인가? 당신은 돈을 사랑하다가 근심에 빠진 적이 있는가?

3) 바울은 어떠한 형편에든지 자족하기를 배웠다고 한다. 이것은 무슨 의미인가? 자족하는 삶을 살기 위해서 당신에게 필요한 것은 무엇인가?

04

우리는 지금까지 재물에 관한 성경의 가르침을 살펴보았다. 예수님의 온전한 제자라면 모든 재물의 주인이 하나님이심을 알고 그것을 맡아 하나님의 뜻대로 관리하는 청지기로서의 삶을 살아야 한다. 예수님의 제자로서 돈과 재물에 대한 당신의 결단과 구체적인 실천 사항을 나누어보라.

돈과 생활방식의 문제는 성경에서 주변적이지 않다. 세상 사람들이 그리스도를 믿느냐가 여기에 달려 있다. "그리스도께서 하신 말씀의 15퍼센트가 이 주제와 관련이 있다. 천국과 지옥에 관한 가르침을 합친 것보다 많다." … 핵심은 모든 사람이 전부를 드려야 한다는 것이 아니다. 예수님은 하나님의 영광을 위해 충만한 믿음으로 위험을 감수하는 모습을 좋아하신다. 나로서는 돈 쓰는 법에 관해 예수님이 제시하신 규정 외에 더 제시할 게 없다. 단지 우리가 예수님에게 집중하며 그분의 말씀을 듣고 정신을 차려 물질을 허비하지 않게 되길 바랄 뿐이다.

– 《삶을 허비하지 말라》(존 파이퍼, 생명의말씀사) 144~147쪽

예수님의 제자는 예수님 한 분만으로도 모든 것을 가진 자처럼 살아야 한다. 그런 자만이 돈과 재물을 주인 되시는 주님의 뜻대로 바르게 사용할 수 있다.

7과

제자의 온전한 예배

인간은 창조주 하나님을 영화롭게 하고 그분을 즐거워하는 삶을 살 때 진정한 행복과 가치를 알게 된다. 성경은 창세기에서 요한계시록에 이르기까지 하나님을 예배하는 삶을 살도록 촉구한다.

예배가 살아 있으면 제자훈련이 밋밋하거나 형식적일 수 없다. 또 역으로 제자훈련에 역동성과 변혁하는 힘이 있으면 결단코 예배가 타성에 젖거나 죽은 전례주의(典禮主義)로 미끌어질 수 없다. 예배의 영적 건전성 상승은 곧장 제자훈련의 강한 추진력으로 작용하고, 제자훈련이 실천적일수록 예배에 은혜가 많아진다. 제자훈련은 예배를 강화하고 예배는 제자훈련에 영적 깊이를 더해준다.

준비된 예배도 중요하지만, 준비된 '예배자'가 더 중요하다. 하나님이 받으시는 예배, 삶의 변혁을 가져오는 예배, 역사의 흐름을 바꾸는 중요한 예배는, 준비된 예배자가 드리는 예배다.

당신은 온전한 예배를 드리는 참된 예배자인가? 당신이 드리는 예배는 어떠한가? 이 엄중한 질문 앞에 정직하게 답을 해야 한다. 이제 당신이 해야 할 것은 거룩한 옷으로 갈아입은 참된 예배자가 되는 것이다.

01

하나님이 우리를 창조하시고 구원하신 궁극적인 목적은 무엇인가? 우리는 하나님을 영화롭게 하기 위해, 즉 하나님을 예배하기 위해 하나님의 백성으로 부름 받았다. 이 사실을 성경에서 확인해보자.

1) 다음의 성경 말씀을 당신의 말로 요약해보라.

- 이사야 43장 21절

- 에베소서 1장 14절

2) 성경은 우리가 하나님을 찬송하게 하려고 하나님이 우리를 부르셨다고 말씀한다. 찬송이라는 말의 의미는 무엇인가?(참고 시 29:2)

- 시편 29편 2절

3) 하나님을 찬송하기 위해, 즉 하나님을 예배하기 위해 부름 받은 자는 어떻게 예배해야 하는지를 정확히 알아야 한다. 다음 말씀을 통해 당신이 올려드리는 예배가 어떤 예배여야 하는지 나누어보라.

- 요한계시록 4장 11절

• 시편 95편 6~7a절

• 여호수아 24장 14절

02

부름받은 자에게 예배는 선택 사항이 아닌 삶의 전부이자 근본이다. 요한복음 4장 19~26절을 중심으로 참된 예배자로 하나님께 나아가는 은혜를 경험해보자.

1) 사마리아 여인이 예배에 관해 질문하게 된 이유는 무엇인가? 그리고 그 질문에 담겨 있는 의미를 묵상해보라(요 4:19~20).

• 요한복음 4장 19~20절

2) 예수님은 참된 예배에 대해 말씀하셨다. 참된 예배란 무엇을 뜻하는지 찾아보라(요 4:23~24, 참고 히 10:22).

• 요한복음 4장 23~24절

• 히브리서 10장 22절

3) 당신은 하나님이 찾으시는 참된 예배자인가? 참된 예배의 자리로 나아가기 위해 당신이 고쳐야 할 것은 무엇인지 돌아보고 나누라.

03

하나님을 예배하는 자는 마땅히 삶으로도 하나님을 예배해야 한다. 로마서 12장 1~2절에서 삶으로 하나님을 예배하는 진정한 예배자는 어떤 사람인지 찾아보자.

1) 바울 사도의 권면 내용은 무엇인가?(롬 12:1)

• 로마서 12장 1절

2) 바울은 구약 시대에 동물을 죽여 제물로 드렸던 제사와는 달리 "너희 몸을 하나님이 기뻐하시는 거룩한 산 제물로 드리라 이는 너희가 드릴 영적 예배니라"라고 말씀한다. 이 말씀은 무슨 뜻인가?(롬 12:2)

• 로마서 12장 2절

3) 당신은 삶이 곧 하나님께 드리는 예배라는 말씀에 대해 어떻게 생각하는가? 당신은 삶이 예배가 되는 진정한 예배자가 되기 위해 무엇을 해야 하는가? 다음에 제시된 말씀을 따라 자신의 삶에서 실천해야 할 것을 기록하고 삶으로 옮겨보라.

- 히브리서 13장 16절

- 미가 6장 6~8절

참된 예배는 영과 진리로 드리는 공적 예배뿐 아니라 삶으로 드리는 예배도 포함된다. 그리고 우리가 삶으로 드리는 예배는 다시 교회의 공적 예배로 아름답게 드려져야 한다. 당신의 예배 생활을 돌아보고, 참된 예배를 위한 당신의 각오를 결심문으로 작성하라.

참된 예배를 위한 나의 결심

● **공예배와 관련하여**

예수님의 온전한 제자로서 나는

____

____

____

예배자로 살겠습니다.

● **삶으로 드리는 예배와 관련하여**

예수님의 온전한 제자로서 나는

____

____

____

예배자로 살겠습니다.

***결심문 예/**

예수님의 온전한 제자로서 나는

예배 30분 전에 와서 기도하는

예배자로 살겠습니다.

________ 년 _____ 월 _____ 일

서약자 ________________ 인

잔잔한 호수에 돌멩이 하나만 떨어져도 에너지의 전파, 즉 파문이 인다. 인간 심성에 예배라는 천국의 운석(隕石)이 떨어지면 어떤 역사가 일어나는가? 주일예배라는 중심으로부터 동심원들이 밀리고 밀려, 결국 호수면 전체가 일렁이고 파문이 일어난다. 주일예배가 영과 진리로 살아나면 생활예배, 일상예배, 일터예배, 가정예배, 소그룹과 중그룹으로 드리는 모든 예배가 살아난다. 주일만이 아니라 모든 날들이 성수(聖守)해야 할 거룩한 날들이 된다. 예배당만이 아니라 삶의 모든 영역과 부문이 성소화(聖所化) 된다.

– 《온전론》(오정현, 국제제자훈련원) 422쪽

예배는 우리에게 위대한 일을 행하신 하나님께 드리는 감사요 찬양이다. 예수님의 온전한 제자는 찬양으로 하나님을 예배할 뿐 아니라 삶으로도 하나님을 예배하는 참된 예배자여야 한다.

8과

제자의 온전한 가정 1

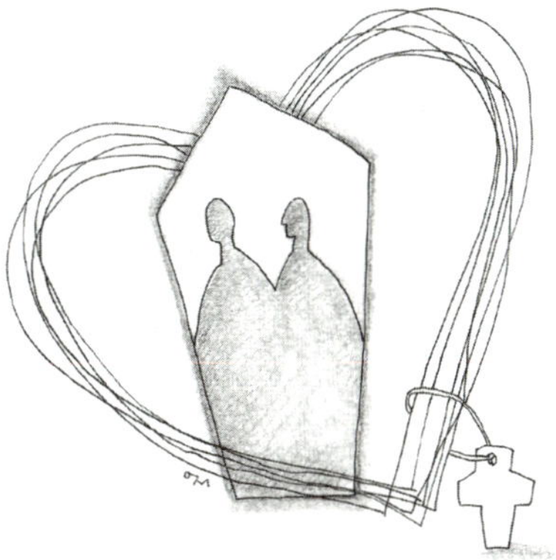

창세기 1장에서 11장까지 드러난 지독한 죄의 문제에 대한 하나님의 길고 성실한 해답이 창세기 12장에서 시작하여 요한계시록 22장 사이에 장대하게 펼쳐지는데, 하나님이 꺼내신 최초의 죄 극복 방안이 하나님을 믿고 그분의 뜻을 따르는 경건한 가정이었다.

창세기 12장에서 처음 부르실 때는 아브라함 한 사람(개인)이 뽑히는 것 같지만, 이어 15, 17, 22장으로 가면 갈수록 언약으로 훈련된 '가정'을 하나님께서 사용하시는 모습을 볼 수 있다. 이것은 "내가 그로 그 자식과 권속에게 명하여 여호와의 도를 지켜 의와 공도를 행하게 하려고 그를 택하였나니"(창 18:19a)에서 명확히 드러난다. 하나님께서 아브라함에게 주시는 복, 땅, 창대해지는 이름의 목적은 "여호와의 도를 지켜 의와 공도를 행하[는]" 가정을 세우는 데 있다.

가정이 왜 중요한가? 가정은 사람의 아이디어로 만들어진 것이 아니라 하나님께서 인간을 위해 만드신 신적인 기관이기 때문이다. 하나님이 만드신 남자와 여자를 통하여 하나님이 만드신 최초의 기관이 바로 가정이다.

예수님의 제자에게 가정은 더없이 소중하게 여기고 세워야 할 하나님의 선물이다. 예수님의 제자에게 남겨진 숙제 가운데 하나는 하나님의 사랑으로 회복된 가정을 만들어가는 것이다. 가정은 은혜의 그릇이며 우리가 믿는 모든 진리를 실천하는 첫 출발지이기 때문이다.

01

가정의 모습은 다양하지만 가정과 무관한 사람은 단 한 사람도 없다.
먼저 가정은 어떻게 시작되었는지 하나님의 말씀을 통해 확인해보자.

1) 창세기 2장 20~25절을 읽고 간단히 정리해보라.

• 창세기 2장 20~25절

2) 하나님께서는 사람이 혼자 사는 것을 좋지 않다고 하시며 돕는 배필을 주셨다. 그렇다면 "돕는 배필"이란 무슨 뜻인가?(창 2:18, 고전 11:11~12)

• 창세기 2장 18절

• 고린도전서 11장 11~12절

3) 하나님은 "사람이 혼자 사는 것이 좋지 아니하니 내가 그를 위하여 돕는 배필을 지으리라"라고 하시며 가정을 만드셨다. 이 사실을 당신도 진정 동의하는가? 하나님이 가정을 만드셨다는 사실에 대해 당신은 어떻게 생각하는가?

02

성경은 하나님이 가정의 기원이라고 분명히 말씀한다. 가정은 남자와 여자가 합하여 서로 돕고 세우는 상호의존적인 삶을 살도록 주신 것이다. 어떻게 하면 하나님의 뜻에 맞는 가정을 세울 수 있을지 살펴보자.

1) 하나님이 세우셨음에도 불구하고 오늘날 우리의 가정은 많은 문제를 안고 있다. 당신은 그 이유가 무엇이라고 생각하는가? 성경은 어떻게 말씀하는지 창세기 3장 16~17절을 통해 찾아보고, 당신이 생각한 것과 비교해보라(참고 롬 1:28).

• 창세기 3장 16~17절

• 로마서 1장 28절

2) 현재의 가정들이 문제가 있음에도 불구하고 예수님은 가정에 대하여 무엇이라고 말씀하시는가?(마 19:6) 당신은 가정에 대한 예수님의 말씀을 어떻게 생각하는가?

• 마태복음 19장 6절

3) 예수님의 제자인 우리는 하나님이 기뻐하시는 가정을 이루어가야 한다. 가정에 관해 언급하신 예수님의 말씀 마태복음 12장 49~50절의 의미는 무엇인가? 이 말씀에 비추어 어떻게 하면 죄로 인해 왜곡된 우리의 가정을 하나님이 기뻐하시는 가정으로 바꾸어갈 수 있을지 나누어보라.

• 마태복음 12장 49~50절

03

성경은 하나님이 가정을 세우셨을 뿐 아니라 하나님의 뜻을 행하는 자가 가족이라고 말씀한다. 따라서 성경적인 가정이 되기 위해서는 하나님의 뜻을 행해야 한다. 어떻게 하면 하나님의 뜻을 행하는 가정을 만들어갈 수 있을지 성경에서 그 해답을 찾아보자.

1) 성경이 말하는 아내와 남편이 해야 할 일을 찾아 간단히 정리하고 당신의 느낌을 나누어보라.

• 아내가 해야 할 일(엡 5:22, 24)

• 남편이 해야 할 일(엡 5:25, 28)

2) 부모이면서 자녀이기도 한 우리에게 주시고자 하는 성경의 가르침은 무엇인지 찾아 정리하라(엡 6:1~4). 그리고 지금까지 당신이 살아온 삶의 모습과 어떤 차이가 있는지 나누어보라.

• 에베소서 6장 1~4절

3) 성경이 말씀하는 아내와 남편, 부모와 자녀로서 지녀야 할 태도를 살펴보았다. 이러한 성경의 가르침을 당신의 삶에 어떻게 실제로 적용할 수 있을지 나누어보라(엡 5:21).

• 에베소서 5장 21절

04

하나님의 말씀을 깨닫고 순종하는 가정에는 인격의 변화와 믿음의 성숙이 일어난다. 예수님의 제자라면 당신의 가정이 성경적인 가정의 모습으로 변화하기를 소망해야 한다. 당신의 가정이 성경적인 가정이 되기 위해 당신은 무엇을 해야 하겠는가? 관계별로(남편, 아내, 자녀, 부모) 해야 할 일을 정리하고 나누어보라.

예수님의 제자는 자신의 인격을 연단하고 훈련하는 것뿐만 아니라 삶의 가장 구체적인 현장인 가정에서도 제자답게 살아야 한다. 다음의 기도문을 함께 읽고, 하나님이 복 주시는 가정이 되기를 소망하며 합심하여 기도하라.

"이런 가정이 되게 하옵소서"

우리 가정의 주인이신 하나님,

온 가족이 구원의 주님을 노래하며 예배의 기쁨을 누리는 가정이 되게 하옵소서.

부모님의 마음을 기쁘시게 하고 형제간 우애와 화목이 가득한 가정이 되게 하옵소서.

서로의 마음에 귀 기울이고 아픔과 상처를 위로하고 기쁨을 주는 가정이 되게 하옵소서.

육체의 질병이나 고난으로 인해 좌절하거나 절망하지 않고 온 가족이 전심으로 기도하는 가정이 되게 하옵소서.

낮은 자를 높이시고 가난한 자를 부요케 하시며 천한 자를 귀하게 만드시는 하나님의 역사를 체험하는 가정이 되게 하옵소서.

자녀는 하나님의 것이라는 사실을 잊지 않고 세상 교육에 앞서 신앙 교육을 최우선으로 하는 가정이 되게 하옵소서.

자녀들이 하나님 나라를 꿈꾸며, 한 순간도 낭비함 없이 최선을 다해 달려가는 비전의 사람으로 세워지는 가정이 되게 하옵소서.

예수님을 모르는 이웃에게 말과 행함으로 그리스도의 사랑을 전하는 복음의 증인으로 쓰임 받는 가정이 되게 하옵소서.

그리하여 십자가 보혈로 우리를 구원하신 예수님을 사랑하며 그분만 섬기고 따르는 온전한 제자의 가정이 되게 하옵소서.

예수님의 이름으로 기도합니다. 아멘.

9과

제자의 온전한 가정 2 : 신앙 계승

우리 사회는 비기독교적인 흐름을 넘어 점점 더 반기독교적인 문화의 급류를 타고 있다. 세속적이고 이념적으로 경도된 대중매체, 무신론적인 학교 교육, 말초적인 인터넷 세상은 신앙적인 정체성이 확립되기도 전에 거대한 삼각파도처럼 주일학교 청소년들의 삶을 위협하고 유혹하면서 신앙을 근원적으로 뒤흔든다.

안타까운 것은 세상의 반기독교적인 거대한 흐름을 어쩔 수 없는 시대적 현상으로 체념하며 받아들이는 교회의 무기력한 모습이다. 예수 믿는 집안의 초등학교 아이들이 유대인 아이들이나 심지어 무슬림 아이들과 종교적으로 맞붙어 보면 과연 신앙적으로 이길 수 있는 아이가 몇이나 될까? 우리는 믿음의 세대계승을 이루어야 한다. 물론 세속의 칼날이 춤을 추고, 이로 인해 때로 가지들이 베임을 당하는 경우가 있을 수 있다. 그러나 내면 깊이 복음이 의식화된 사람은 그 속에 복음의 거룩한 그루터기가 있기 때문에 어떤 일이 있어도 흔들리거나 꿈쩍하지 않는다.

오스 기니스의 말처럼 "우리는 더 긴 사슬의 연결고리들일뿐더러 더 위대한 멜로디의 악보이자 더 큰 이야기의 장면일 뿐이다. 하지만 하나님을 뿌리로 하는 긴 믿음의 세대들 중 지금 이 세대보다 다음 세대에 더 중요한 연결고리는 없다. … 언제나처럼 우리의 가장 중요한 우선 순위는 우리 주님에 대한 온전한 충실함을 지키는 방향으로 전수할 가치가 있는 것을 다음 세대에 전하는 것이다."

01

히브리서 11장에서 만나는 믿음의 선진들은 시대를 막론하고 세상 사람들과는 달랐다. 그들은 세상 사람들이 추구했던 것을 따르지 않았고, 하나님께서 원하시는 성경의 가치를 따라 살았다.

1) 히브리서 11장 17~19절을 당신의 말로 정리해보라.

• 히브리서 11장 17~19절

2) 아브라함이 이런 믿음을 드러내 보일 수 있었던 비결은 무엇이라고 생각하는가? 아브라함의 믿음을 보면서 당신은 무엇을 느끼는가? (참고 롬 4:17~18)

• 로마서 4장 17~18절

3) 히브리서 11장 24~26절을 읽고 모세의 삶을 간단히 정리해보라.

• 히브리서 11장 24~26절

4) 하나님의 사람 모세는 명예와 편안한 삶을 택하지 않고 오히려 고난의 삶을 택했다. 모세가 그렇게 할 수 있었던 이유는 무엇이라고 생각하는가?(참고 히 11:6, 딤후 4:7~8)

- 히브리서 11장 6절

- 디모데후서 4장 7~8절

5) 당신이 아브라함처럼 바랄 수 없는 중에도 하나님의 약속을 믿고 순종해야 하는 것은 무엇인가? 그리고 모세처럼 당신이 포기해야 할 잠시 누리는 죄악의 낙이나 애굽의 보화가 있다면 무엇인가?

02

히브리서 11장에 나오는 수많은 믿음의 선진들은 '세상이 감당하지 못하는 사람들'로 소개된다. 고난 중에 그들의 믿음이 어떠했는지 살펴보자.

1) 히브리서 11장 35~38절을 살펴보라. 그들은 어떤 고난을 당했는가?

• 히브리서 11장 35~38절

2) 히브리서 11장 38절에서 말하는 '세상이 감당하지 못하는 사람'은 어떤 의미를 담고 있는가?(참고 고후 4:7)

• 고린도후서 4장 7절

3) 앞서간 믿음의 사람들은 핍박과 고난 그리고 죽음조차 피하지 않았다. 그들의 삶을 통해 깨달은 것은 무엇인가?

03

지금까지 어떤 상황 속에서도 믿음의 삶을 살았던 신앙의 선진들을 살펴보았다. 예수님도 그들처럼 핍박과 고난, 그리고 죽음조차 피하지 않는 삶을 사셨다. 예수님의 삶을 통해 우리가 배워야할 점은 무엇인지 살펴보자.

1) 예수님은 하나님을 기쁘시게 하기 위하여 어떤 고난을 참으셨는가? (히 12:2)

- 히브리서 12장 2절

2) 예수님은 무엇을 위하여 십자가 고난을 참으셨는가?(히 12:2, 참고 벧전 2:21)

- 히브리서 12장 2절

- 베드로전서 2장 21절

3) 예수님이 우리가 고난을 참아내는 신앙의 자취를 따라오도록 도전하신 이유는 무엇인가?(참고 딤후 2:2) 이 사실을 보며 무엇을 느끼는가?

- 디모데후서 2장 2절

04

당신이 신앙을 계승해 주어야 할 대상은 누구이며, 그 이유는 무엇인가? 또한 당신이 믿음의 선진처럼 신앙을 계승하기 위해 구체적으로 결단하고 실천해야 할 것은 무엇인지 나누어보라.

정통 유대인 가정에는 할아버지와 손자 간에 세대차이가 존재하지 않는다고 한다. 그들은 신본주의 사상, 생활방식과 언어, 음식과 절기에서 세대차이가 없다. 나이가 많든 적든 간에 동일한 신앙과 사상을 지니고 있기 때문이다. 부모가 자녀와 함께 성경을 암송하고 성경구절로 머리와 가슴을 채울 수 있다면, 그 가정은 세대차이가 없을 뿐아니라, 믿음의 세대계승을 보장할 수 있을 것이다.

유대인은 13세에 성인식을 한다. 유대인들이 13세에 성인식을 하는 이유는 육체적으로 성숙해서가 아니다. 유대인들은 자녀가 태어나면 12세가 될 때까지 토라를 가르치고 암송하게 한다. 토라를 몸에 완전히 체화시키는 것이다. 그들은 13세라는 어린 나이에도 불구하고 토라가 몸에 새겨져 있기에, 그것이 자녀들의 삶을 붙잡아 줄 수 있다고 생각한다.

우리 사회는 무신론적 정글이다. 만일 아프리카의 정글 지역에 자녀들을 아무 준비도 없이 풀어놓는다고 하면 정신 나간 부모라고 손가락질 받을 것이다. 그런데 기독교 가정에서 이런 일을 자행하고 있다면 어떻게 생각하는가? 아이들을 영적으로 아무런 준비 없이 무장해제한 채로 반기독교적인 정글 속으로 내보내고 있다. 자녀들이 스스로 믿음을 지킬 수 있도록 아이들을 무장해서 보내야 한다. 그래야 가정이 살고 교회가 사는 것이다.

– 《온전론》(오정현, 국제제자훈련원) 446~447쪽

10과

제자의 온전한 일과 일터

오늘날 대부분의 사람들에게 일은 돈을 벌기 위한 수단이다. 어떤 사람들은 일을 통해 성취감을 얻기도 하며 존재감을 맛보기도 한다. 뿐만 아니라 일을 통해 자신의 능력을 평가 받는 기회를 갖기도 하며 높은 지위를 얻기도 한다. 그러나 또한 많은 사람들이 일에 지쳐 도망치거나 피하고 싶다는 절망감에 빠지기도 한다.

오늘날은 젊은이에서부터 노인에 이르기까지 일과 분리될 수 없는 시대를 살고 있다. 특히 정보화, 고령화 시대에 접어들면서 남녀노소를 막론하고 일하지 않으면 안 되는 사회가 되었다. 한마디로 우리가 사는 세상은 일과 삶을 따로 생각할 수 없게 되었다.

이런 세상에서 예수님의 부름을 받은 제자에게 일이란 무엇인가? 왜 일을 해야 하는가? 일터에서 만나는 사람들과는 어떻게 관계를 맺어야 하는가? 우리는 일을 '타락'의 결과와 직결시키기 좋아한다. 마치 첫 인류는 에덴동산에서 유유자적하다가 하필이면 선악과를 따먹었다는 듯이 생각한다. 분명 타락으로 말미암아 일의 환경에 대격변이 일어난 것은 사실(창 3:17~18)이지만, 우리는 여전히 일하시는 하나님의 형상이다. 세상으로 보냄받은 예수님의 제자라면 일과 일터에서 어떤 사람이 되어야 하는지 하나님의 말씀 안에서 행복한 해답을 찾아보자.

01

성경이 시작되는 창세기 1~2장은 하나님의 창조에 관하여 말씀한다. 창조의 일을 하시는 하나님을 살펴보고 인간에게 일이란 무엇인지 알아보자.

1) 창세기 1장 1절과 2장 1~2절을 당신의 말로 정리해보라.

• 창세기 1장 1절

• 창세기 2장 1~2절

2) 하나님은 자신의 형상으로 지음 받은 인간에게 무엇을 명령하셨는가? 사람이 일하는 것은 창조주 하나님께서 주신 복이라고 하신 말씀은 무슨 뜻인가?(창 1:28)

• 창세기 1장 28절

3) 하나님은 우리로 하여금 자신이 만드신 세상에서 일하도록 하셨다. 하나님이 당신에게 일하도록 하신 것에 대해 어떤 느낌이 드는가? (창 1:31)

• 창세기 1장 31절

인간에게 일은 원래 하나님이 맡기신 것이며, 그러므로 하나님이 주신 소명이다. 선하신 하나님이 주신 명령이기 때문에 복이요 기쁨 그 자체였다. 그러나 지금은 일이 인간에게 기쁨만 주는 게 아니다. 그 이유가 무엇인지 성경을 통해 살펴보자.

1) 창세기 3장 17~19절을 읽고 간단히 요약해보라.

• 창세기 3장 17~19절

2) 아담의 타락 이후 일에 관하여 일어난 변화는 무엇이고, 그것이 인간에게 끼치는 영향에 대하여 당신은 어떻게 생각하는가?(참고 전 2:23)

• 전도서 2장 23절

03

기쁨이요 소명이었던 일이 인간의 타락으로 인해 부담스럽고 힘들고 고통스러운 노동으로 바뀌었다. 당신은 일을 어떻게 생각하고 있는지 나누면서 자신을 돌아보도록 하자.

1) 직업의 유무를 떠나 일과 무관한 사람은 아무도 없다. 일에 대한 자신의 생각을 솔직하게 나누어보자.

● 당신은 일터(직장, 가정 등)에서 어느 유형에 속하는가?

☐ 적극적이며 즐겁게 일하는 유형
☐ 적당히 눈치 보면서 일하는 유형
☐ 마지못해 억지로 일하는 유형
☐ 기타 (   )

● 당신이 일하는 가장 중요한 목적은 무엇인가?(우선순위 기록)

☐ 경제적인 이유(돈을 벌기 위해)
☐ 내 힘을 나타내고 남들에게 잘 보이기 위해
☐ 나의 존재감과 자기만족을 위해
☐ 하나님의 영광을 드러내고 하나님을 기쁘시게 하기 위해
☐ 배운 것을 활용하기 위해
☐ 인류와 사회에 기여하기 위해
☐ 기타 (   )

● 당신은 "일"하면 가장 먼저 무엇이 떠오르는가?(생각나는 단어 또는 느낌)

● 당신이 지금 하고 있는 일은 '하나님의 일'에 가깝다고 생각하는가, 아니면 '세상 일'에 가깝다고 생각하는가? 당신의 생각을 말해보라.

● **당신은 지금 하고 있는 일을 그만두고 싶다는 생각을 해본 적이 있는가? 그렇게 생각한 주된 이유는 무엇인가?**

2) 지금까지 일에 대한 각자의 입장을 정리해보았다. 일에 대한 자신의 태도가 성경의 가르침과 잘 어울리는가? 아니면 성경의 가르침으로 교정 받아야 하는가? 에베소서 6장 5~9절 말씀을 살펴보고 솔직하게 말해보라.

• 에베소서 6장 5~9절

3) 왜 우리는 주께 하듯 하는 태도로 일을 해야 하는가?(마 5:16)

04

그 시작의 관점에서 보자면 분명 기쁨이요 사명이었던 일이 이제 평생 수고와 땀을 흘리는 대가를 지불해야 하는 노동으로 변했다. 예수님의 제자로서 당신은 자신에게 맡겨진 일을 "주께 하듯" 하기 위해 어떻게 해야 하는지 마태복음 25장 14~30절을 통해 살펴보자.

1) 마태복음 25장 14~15절을 읽어보라. 주인이 종들에게 소유를 맡기는 기준은 무엇이고 그 의미는 무엇인가?

• 마태복음 25장 14~15절

2) 마태복음 25장 20~30절에 등장하는 두 부류의 종의 모습과 그들을 대하는 주인의 반응을 정리해보라(마 25:21~23, 26~30).

• 마태복음 25장 21~23절

• 마태복음 25장 26~30절

3) 주인의 소유를 맡은 종들이 각각 주인에게 내놓은 결과가 그토록 크게 달랐던 이유는 무엇이라고 생각하는가?(마 25:24)

• 마태복음 25장 24절

4) 당신은 몇 달란트 받은 종과 같다고 생각하는가? 장차 주인이 오시면 칭찬받으리라고 생각하는가? 혹시 맡기신 분에 대한 오해 때문에 악하고 게으른 종의 자리에 머물렀던 경험이 있다면 나누어보라.

05

우리는 이 시간 평생 감당하고 살아야 할 '일과 일터'라는 주제를 다루었다. 예수님의 제자는 하나님과의 관계가 회복된 자로서 일에 대한 창조의 원리를 회복하고, 더 나아가 하나님의 창조 명령을 순종해야 할 사명을 받은 자이다. 당신이 결단하고 바꾸어야 할 것이 있다면 기록하고 기도하라.

예수님을 믿고 구원받아 하나님의 자녀가 되는 그 순간, 우리가 하는 일도 거듭났다. … 그리스 철학자들은 일을 저주받은 것으로 생각할 정도로 일을 경시했다. 그런데 예수 믿고 하나님의 백성이 되는 그 순간에 우리가 하는 일들도 거듭난다. 따라서 우리의 일이 더 이상 저주의 고역이 아니라 하나님의 창조 사역에 동참하는 것으로 승화된다. 마치 '죽음'이 예수님을 믿고 구원받은 하나님의 백성, 예수님의 피값으로 구원받고 영원한 생명을 누리는 그 백성에게는 저주가 아니라, 이 땅에서 육신의 장막을 벗어나 하나님이 예비하신 영원한 집으로 들어가는(고후 5:1) 영광으로 거듭나는 것과 비슷하다.

– 《온전론》(오정현, 국제제자훈련원) 455~456쪽

우리에게 일을 주신 분은 창조주 하나님이시다. 그러므로 일에서 하나님을 경험하라. 일은 하나님을 닮아가는 현장이다. 기쁨과 보람의 꾸러미 속에 담긴 하나님의 사랑과 은혜의 풍성함에서 행복한 해답을 놓치지 않도록 하라. 존 스토트는 이렇게 말했다. "얼마나 많은 일을 했느냐는 중요하지 않다. 진정 중요한 것은 하나님이 요구하시는 일을 얼마나 많이 했느냐 하는 것이다."

11과

제자의 온전한 선교

"교회가 먼저인가? 선교가 먼저인가?" 많은 사람이 이 질문 앞에서 고개를 갸우뚱할 것이다. 너무 뻔한 질문이고 정답을 알고 있다고 확신하기 때문이다. '교회가 있으니까 선교가 있는 것 아닌가?' 하지만 엄밀히 말하면 그렇지 않다. 교회는 선교의 결과로 이 땅에 태어났다. 물론 교회가 선교사를 보내니까 교회가 먼저라고 할 수 있지만, 더 근원으로 거슬러 올라가면 '선교하시는 하나님'이 계시고 그 하나님이 선교하심으로 교회가 탄생한 것이다. 교회는 태생부터, 처음부터 선교적인 존재다(요 20:21). 교회가 선교 사역을 하는 것이 아니라, 온 세상이 돌아와 자기를 경배하도록 선교하시는 하나님이 선교하시기에 교회가 만들어진 것이다.

복음 전파라는 선교 사명은 모든 교회, 모든 그리스도인을 향한 하나님의 명령이다. 하지만 많은 그리스도인들은 자신의 은사와 재능 또는 형편 등을 문제 삼아 전도와 선교를 주저하거나 자신의 소임이 아니라고 생각한다. 그러나 주님은 몇몇 그리스도인이나 특정 교회에만 선교를 명령하신 것이 아니다. 모든 그리스도인과 교회는 선교의 소명을 받았다. 선교적 소명을 수행하지 않는 교회는 존재 의미가 없다. 하나님의 십자가 사랑을 체험한 자에게 그 십자가의 의미를 전파하려는 열망은 당연한 것이다.

01

부활하신 예수님은 승천하시면서 제자들에게 무슨 사명을 주셨는가? 성경을 통해 예수님이 주신 사명이 무엇인지 살펴보고 예수님의 제자로 살아가는 우리에게 적용하는 시간을 가져보자.

1) 다음의 성경 말씀에 등장하는 '너희'는 누구인가? 그리고 예수님께서 '너희'라고 한 자들에게 주어진 사명은 무엇인지 확인해보라.

• 요한복음 20장 21절

• 마태복음 28장 19절

2) 예수님은 왜 제자들에게 이와 같은 사명을 주셔야 했다고 생각하는가? 그리고 제자들에게 주신 사명이 당신에게도 해당된다고 확신하는가?(참고 행 1:8)

• 사도행전 1장 8절

3) 예수님의 선교 명령은 그 당시 제자들만이 아니라 우리 모두에게도 주신 것이다. 이 선교 명령은 결국 누구를 위한 것인가?(딤전 2:4, 창 12:3) 이와 같은 주님의 선교 명령에 대하여 당신은 무엇을 느끼는지 나누어보라.

• 디모데전서 2장 4절

• 창세기 12장 3절

4) 선교 명령은 신구약 성경 전체를 통해 드러나고 있는데 특히 마태복음 28장 19절에서 예수님이 말씀하신 선교란 결국 무엇인지 생각해보라. 당신이 지금까지 선교에 대하여 생각하던 것과 차이가 있다면 무엇인가?(참고 마 28:20)

• 마태복음 28장 20절

02

우리에게 선교사명을 주신 예수님은 이 땅에 보냄받은 선교사이셨다. 예수님이 어떤 마음가짐으로 선교의 사명을 감당하셨는지 십자가를 앞두신 예수님의 기도에서 찾아보자.

1) 예수님이 요한복음 17장 15~19절에서 기도한 내용을 당신의 말로 요약하라.

• 요한복음 17장 15~19절

2) 예수님의 기도는 보냄 받은 제자의 삶이 거룩과 관계가 있음을 보여준다. 거룩한 삶의 열매를 맺으며 선교의 사명을 감당하기 위해서 우리는 어떻게 행동해야 하는가?(참고 마 28:20a, 벧전 1:22)

• 마태복음 28장 20a절

• 베드로전서 1장 22절

3) 선교란 하나님의 말씀으로 모든 족속을 하나님의 백성이 되게 하고 그들에게 그 말씀을 가르쳐 지키게 하는 것이다. 따라서 선교 명령을 감당해야 할 예수님의 제자들은 뜨겁게 사랑하므로 순종의 본을 보여야 한다. 이와 같은 선교적 삶의 태도에 대하여 당신은 무엇을 느끼는지 나누어보라.

03

예수님의 선교 명령을 지키기 위해 전심전력했던 선교사 바울이 복음 전하는 자의 자세와 태도에 대해 어떻게 말했는지 살펴보자.

1) 바울이 가르치는 복음 전하는 자의 자세와 태도 가운데 당신에게 가장 감동이 되는 것은 무엇인가?(고전 9:16~17, 19, 딤후 4:2)

- 고린도전서 9장 16~17절

- 고린도전서 9장 19절

- 디모데후서 4장 2절

2) 바울은 언제든 어느 곳에서든 겸손함으로 복음을 드러내려 했다. 당신은 당신이 살고 있는 바로 그곳(가정, 직장, 학교, 지역 사회 등)이 선교지가 될 수 있다고 생각하는가? 그렇다면 당신이 있는 그곳에서 당신이 보여주어야 할 선교적 자세와 태도는 무엇인가?

04

예수님의 제자에게 복음 전파, 즉 선교하는 삶이란 선택의 문제가 아니라 순종해야 할 사명이다. 하지만 그 사명을 실제로 감당하기가 쉽지 않다. 이 사명을 감당하는 데 당신에게 어떤 장애물이 있는지 살펴보고 구체적인 선교 방법을 나누어보자.

1) 당신은 선교가 예외 없이 우리 모두의 사명임을 인정함에도 불구하고 여전히 두려워하거나 주저하는 마음이 있는가? 당신에게 선교적 제자의 삶을 사는 데 장애가 되는 요인이 있다면 무엇인지 나누어보라.

2) 선교에 장애물도 있지만 하나님은 이미 당신에게 여러 재능과 은사를 주셨다. 당신의 경험이나 직업으로 볼 때 당신이 감당할 수 있는 선교 방법은 무엇인지 생각해보고, 주님이 마음에 부어주시는 선교의 꿈을 나누어보라.

하나님의 선교는 우주적이지만, 그분의 백성의 선교는 지역적이다. 기독교의 선교가 지역, 계층, 인종, 성별 등 모든 장벽을 넘어서고 시공을 초월하는 개념이라는 점에서는 우주적이다. 그러나 그 선교가 반드시 우리의 손과 발에 의해서만 이루어진다는 점에서는 지역적이다. 우리는 우주적 선교의 마음을 품고 내가 서 있는 곳에서 손과 발을 통해 선교를 이루어야 한다.

이 민족이 지금 서 있는 곳에서 최고의 선교를 하는 길이 있다면, 그것은 '피 흘림 없는 복음적 평화통일'일 것이다. 나는 우리 민족이 당면한 최고의 선교는 남북의 통일이라 믿고 있다. 남북이 통일되면 북한 지하교회의 순교의 영성이 남한의 성도를 각성시킬 것이다. 남북한의 교회가 하나가 되어 이루는 선교의 추진력은 이전과는 차원이 다를 것이다.

'피 흘림 없는 복음적 평화통일'은 무엇보다 민족을 품에 끌어 안으시는 목자의 심정에 기초하고 있다. 이 길은 북한의 박해 받는 동포를 구하고, 맘몬에 시달리는 남한을 일깨워 이 민족을 명실상부한 제사장적 책임을 다하는 나라가 되게 하는 선교의 길이다.

– 《온전론》(오정현, 국제제자훈련원) 474, 475쪽

12과

십자가를 지는 유일한 길, 자기부인

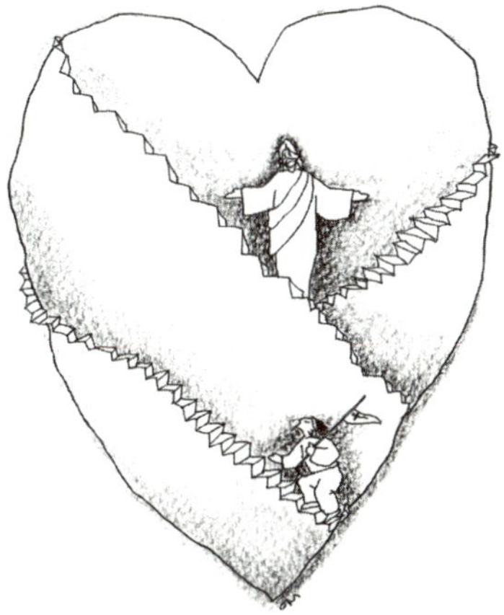

우리는 예수님의 온전한 제자가 되고자 지난 한 해 동안 힘든 훈련의 과정을 감당해 왔다. 우리는 온전함을 추구하는 제자훈련을 시작하면서 I권 2과에서 온전함에 이르는 유일한 길이 십자가라는 사실을 배웠다. 그렇다면 십자가를 지는 유일한 길은 무엇인가? 자기부인이다.

성경은 예수님의 제자라면 자기를 부인하지 않고서는 온전함을 이루는 십자가의 길을 갈 수 없다고 분명하게 말씀한다(마 16:24). 오늘날 그릇된 제자훈련으로 파생되는 모든 파열음, 그중 에서도 제자훈련의 가장 암적 존재인 '자기 의'는 전적으로 '자기 부인의 부재'에서 비롯된다. 제자훈련을 받았지만, 자기부인을 하지 못하는 사람에게 나타나는 치명적인 병이 '자기 의'이다. '자기 의'는 제자훈련을 송두리째 무위(無爲)로 만드는 암적인 존재이다. 자기 의에 사로잡힌 사람의 심중에는 훈련 과정을 마치면 마치 제자훈련의 자격증을 취득 한 것처럼 여기는 무엇이 있다. 성경을 안다고 하는 사람일수록, 신앙의 연륜이 있는 사람일수록 제자훈련을 받고 나면 이런 면을 띠는 경향이 있다. 다시 한번 기억하라. 진정한 제자훈련은 훈련 과정을 마친 뒤에 시작된다.

01

제자훈련의 열매는 다 열거할 수 없을 정도로 풍성하다. 수목으로 비유하면 제자훈련은 우리의 마음 밭을 옥토로 기경하여 뿌려진 씨앗이 새가 깃드는 나무로, 사람들의 영혼을 살찌우는 열매로, 주님의 몸 된 교회가 필요한 재목(材木)이 되게 한다. 그런데 이처럼 풍성하게 자란 나무를 한순간에 병들게 하고, 주변마저 초토화시키는 질병이 있다. 제자훈련적 삶을 망치는 치명적 병(病)이 무엇인지 살펴보자.

1) 누가복음 14장 1~6절을 읽고 자기 말로 요약해보라.

2) 율법교사들과 바리새인들에게서 발견되는 신앙적인 문제점은 무엇인가?

3) 율법교사들과 바리새인들에게서 발견되는 신앙적인 문제점은 그들에게만 국한되지 않는다. 성경에서 자기 의가 갖는 특징들을 고스란히 보여주는 또 다른 예를 찾아보라(참고 눅 15:25~32).

4) 자기 의는 사람들이 영적으로 잠든 사이에 마귀가 와서 곡식 가운데 뿌려놓은 가라지이다(마 13:25). C. S. 루이스는 《스크루테이프의 편지》에서 교회를 무너지게 하는 방법은 사람들이 자기 의를 갖도록 하는 것이라고 말한다. 당신의 마음에는 마귀가 뿌려놓은 가라지가 자라나고 있지 않은가?

02

예수님은 "누구든지 나를 따라오려거든 자기를 부인하고 자기 십자가를 지고 나를 따를 것이니라"(막 8:34)라고 말씀하셨다. 자기를 부인한다는 것이 의미하는 바를 생각해보자.

1) 예수님은 누구에게 이 말씀을 주셨는가?

- 마가복음 8장 34절

2) 자기 머리에 쓴 왕관을 붙잡은 채 하나님께 엎드리는 것은 하나님께 결정권을 드리는 자기부인이 아니다. 자기를 부인한다는 것은 어떤 의미인가?

3) 예수님은 스스로 자기부인의 본이 되셨다. 예수님은 어떻게 자기를 부인하셨는가?(참조 빌 2:6~8)

- 빌립보서 2장 6~8절

4) 성경은 자아실현을 타락의 시초로 보여준다. 아담과 하와가 하나님의 말씀에 불순종하면서까지 시도한 자아실현은 결국 인류의 타락과 파멸로 이어졌다. 우리 또한 훈련을 통해 자기를 부인하는 법을 체질화하지 못하면 결국 아담과 하와처럼 자아실현의 길로, 죄의 본능의 길로 회귀할 수밖에 없다. 제자훈련을 마무리하면서 당신 자신을 돌아보라. 당신이 열심히 제자훈련 받은 것은 자기 부인의 삶을 위한 것이었는가 아니면 자아실현을 위한 것이었는가?

03

예수님은 누가복음 9장 57~62절에서 제자가 되겠다고 찾아 온 세 부류의 사람들에게 어찌 보면 매정한 말씀을 하신다.

1) 본문의 내용을 당신 자신의 말로 정리해보라.

2) 왜 예수님은 자신을 따르겠다는 사람들에게 냉담하게 들릴 수 있는 말씀을 하셨다고 생각하는가?

3) 누가복음 14장 26절 그리고 33절에서 예수님은 왜 그분을 따르는 사람들에게 높은 문턱으로 보이는 짐을 지우시는가?

• 누가복음 14장 26절

• 누가복음 14장 33절

04

온전한 제자훈련은 지속적으로 삶의 우선순위를 빚어내는 과정이다. 우선순위가 중요한 이유는 그것이 삶을 성공시키는 최선의 처세 방식이기 때문이 아니라, 그 사람의 진짜 관심이 어디에 있는지를 보여주기 때문이다. 제자훈련의 마지막 과에 참여하고 있는 당신은 남아 있는 일평생 동안 자기를 부인하는 삶, 삶의 우선순위를 바로 세운 삶을 살아가기 위해 무엇이 필요하다고 생각하는가?

영적 각성을 위한 여러 갈래 중 제자훈련만큼, 타락한 인간 본성을 제어해서 우리의 몸을 영적 체질로 바꾸는 것은 찾기 어렵다. 체질 변화에는 절대적 시간이 필요하다. 제자훈련은 죄의 몸을 말씀의 불에 달구고 깎아 자르며, 담금질하고 수십 수백의 벼름질을 통해 예수님을 닮은 거듭난 존재로 만드는 것이다. 천지만물을 통치하시는 예수님이 제자들과 3년간 동고동락 하신 것도 죄성을 가진 제자들의 체질을 바꾸기 위함이 아니겠는가!

온전한 제자훈련은 성도들의 삶에 거룩한 본성을 추구한다. 한꺼번에 삶을 변화시킬 수는 없지만, 하나님의 속성에 합당한 거룩한 요소를 매일 하나씩 삶에 뿌리내리도록 할 수는 있다. 거룩한 요소들이 거룩한 본성으로 스며들 때까지, 거룩한 행동을 보편적으로(universally), 끊임없이(constantly), 영구적으로(permanently) 할 수 있도록 훈련하는 것이다.

그렇게 시간을 들여 죄의 본성을 말씀의 풀무에 녹여내 만들려는 결과물은 무엇인가? 바로 자기부인이다. 이것은 인간 본성의 대척점에 있기에 세상의 방식으로는 도달할 수 없다. 그래서 치열하고 철저한 제자훈련이 필요하다.

– 《온전론》(오정현, 국제제자훈련원) 163~164쪽

부록

훈련성경읽기표

성경 암송 구절 및 훈련큐티 본문

과제물 점검표

훈련 주차	성경	월	화	수	목	금	토
1	창세기	창 1-11장	창 12-20장	창 21-30장	창 31-40장	창 41-45장	창 46-50장
2	마태복음	마 1-7장	마 8-13장	마 14-18장	마 19-22장	마 23-25장	마 26-28장
3	출애굽기	출 1-10장	출 11-18장	출 19-24장	출 25-31장	출 32-36장	출 37-40장
4	마가복음	막 1-3장	막 4-6장	막 7-9장	막 10-12장	막 13-14장	막 15-16장
5	레위기	레 1-5장	레 6-10장	레 11-15장	레 16-19장	레 20-24장	레 25-27장
6	누가복음	눅 1-4장	눅 5-8장	눅 9-12장	눅 13-16장	눅 17-21장	눅 22-24장
7	민수기	민 1-6장	민 7-12장	민 13-19장	민 20-24장	민 25-30장	민 31-36장
8	요한복음	요 1-3장	요 4-6장	요 7-10장	요 11-12장	요 13-17장	요 18-21장
9	신명기	신 1-4장	신 5-10장	신 11-16장	신 17-23장	신 24-28장	신 29-34장
10	여호수아	수 1-6장	수 7-12장	수 13-17장	수 18-20장	수 21-22장	수 23-24장
11	사사기, 룻기	삿 1-5장	삿 6-9장	삿 10-12장	삿 13-16장	삿 17-21장	룻 1-4장
12	사도행전	행 1-5장	행 6-12장	행 13-15장	행 16-18장	행 19-22장	행 23-28장
13	사무엘상, 하	삼상 1-10장	삼상 11-20장	삼상 21-31장	삼하 1-10장	삼하 11-18장	삼하 19-24장
14	로마서	롬 1-3장	롬 4-6장	롬 7-8장	롬 9-11장	롬 12-14장	롬 15-16장
15	열왕기상, 하	왕상 1-8장	왕상 9-16장	왕상 17-22장	왕하 1-8장	왕하 9-17장	왕하 18-25장
16	역대상	대상 1-5장	대상 6-10장	대상 11-16장	대상 17-20장	대상 21-26장	대상 27-29장
17	역대하	대하 1-6장	대하 7-10장	대하 11-16장	대하 17-21장	대하 22-28장	대하 29-36장
18	고린도전후서	고전 1-6장	고전 7-12장	고전 13-16장	고후 1-4장	고후 5-9장	고후 10-13장
19	에스라, 느헤미야, 에스더	스 1-6장	스 7-10장	느 1-7장	느 8-13장	에 1-5장	에 6-10장
20	욥기	욥 1-7장	욥 8-14장	욥 15-21장	욥 22-28장	욥 29-37장	욥 38-42장
21	시편1-50편	시 1-10편	시 11-19편	시 20-27편	시 28-34편	시 35-41편	시 42-50편
22	시 51-100편	시 51-60편	시 61-68편	시 69-72편	시 73-80편	시 81-89편	시 90-100편
23	시 101-150편	시 101-110편	시 111-118편	시 119-120편	시 121-130편	시 131-140편	시 141-150편
24	잠언	잠 1-5장	잠 6-10장	잠 11-15장	잠 16-20장	잠 21-25장	잠 26-31장
25	갈라디아서	갈 1장	갈 2장	갈 3장	갈 4장	갈 5장	갈 6장
26	전도서, 아가서	전 1-3장	전 4-6장	전 7-9장	전 10-12장	아 1-4장	아 5-8장
27	에베소서,빌립보서, 골로새서	엡 1-2장	엡 3-4장	엡 5-6장	빌 1-4장	골 1-2장	골 3-4장

훈련 주차	성경	월	화	수	목	금	토
28	데살로니가전후서, 디모데전후서, 디도서,빌레몬서	살전 1-5장	살후 1-3장	딤전 1-6장	딤후 1-4장	딛 1-3장	몬 1장
29	이사야 1-39장	사 1-6장	사 7-12장	사 13-23장	사 24-27장	사 28-34장	사 35-39장
30	이사야 40-66장	사 40-43장	사 44-47장	사 48-52장	사 53-57장	사 58-62장	사 63-66장
31	예레미야 1-30장	렘 1-5장	렘 6-10장	렘 11-15장	렘 16-20장	렘 21-25장	렘 26-30장
32	예레미야 31-52장, 예레미야애가	렘 31-35장	렘 36-40장	렘 41-45장	렘 46-49장	렘 50-52장	애 1-5장
33	에스겔 1-30장	겔 1-5장	겔 6-10장	겔 11-15장	겔 16-20장	겔 21-25장	겔 26-30장
34	에스겔 31-48장, 다니엘	겔 31-35장	겔 36-39장	겔 40-44장	겔 45-48장	단 1-6장	단 7-12장
35	호세아,요엘,아모스, 오바댜,요나,미가	호 1-14장	욜 1-3장	암 1-9장	옵 1장	욘 1-4장	미 1-7장
36	히브리서,야고보서	히 1-2장	히 3-4장	히 5-7장	히 8-10장	히 11-13장	약 1-5장
37	나훔,하박국,스바냐, 학개,스가랴,말라기	나 1-3장	합 1-3장	습 1-3장	학 1-2장	슥 1-14장	말 1-4장
38	베드로전후서, 요한1-3서,유다서	벧전 1-5장	벧후 1-3장	요일 1-5장	요이 1장	요삼 1장	유 1장
39	요한계시록	계 1-3장	계 4-7장	계 8-11장	계 12-14장	계 15-18장	계 19-22장

권	과	제목	성경 암송 구절	훈련큐티 본문
훈련개강 수양회 (MT)	1과	내 삶에 대한 자기소개서		
	2과	나의 신앙고백과 간증		
	3과	큐티워크숍		
I권 온전한 제자의 기초	1과	왜 온전한 제자인가	엡 4:13, 슥 4:6b	엡 4:13~16
	2과	온전함에 이르는 길, 십자가	갈 6:14, 막 10:45	막 10:35~45
	3과	성경은 영혼의 양식	마 4:4, 수 1:8	사 55:1~5
	4과	기도는 영혼의 호흡	마 6:33, 빌 4:6~7	마 6:5~8
II권 온전한 제자의 교리	1과	성경이란 무엇인가	딤후 3:16, 벧후 1:21	마 5:17~20
	2과	하나님은 누구신가	사 43:1, 대상 29:11	대상 29:10~14
	3과	성경이 말하는 인간 이해	롬 3:23, 고후 5:17	창 1:24~28
	4과	유일한 구원자 예수 그리스도	롬 4:25, 계 3:20	골 1:15~23
	5과	가장 위대한 선물, 구원	엡 2:8~9, 딛 3:5	엡 2:1~10
	6과	성령 하나님	고전 3:16, 갈 5:22~23	요 3:1~8
	7과	종말론 이해	마 24:14, 히 2:18	마 24:34~44
	8과	사람에게는 진심으로, 하나님께는 전심으로	롬 5:8, 요 13:34~35	막 12:28~34
III권 온전한 제자의 삶	1과	보냄 받은 제자	마 4:19, 요 20:21	눅 9:28~33
	2과	제자의 온전한 생각 : 세계관	롬 11:36, 엡 4:22~24	마 5:1~12
	3과	제자의 온전한 감정	창 50:20, 엡 4:32	창 50:15~21
	4과	제자의 온전한 관계	요일 3:18, 약 2:17	눅 10:25~37
	5과	제자의 온전한 행실 1 : 언어 생활	잠 4:23, 엡 4:29	눅 6:43~45
	6과	제자의 온전한 행실 2 : 돈과 재물	마 6:24, 빌 4:11	눅 12:13~21
	7과	제자의 온전한 예배	요 4:24, 롬 12:1	요 4:19~26
	8과	제자의 온전한 가정 1	창 2:18, 엡 5:21	창 2:18~25
	9과	제자의 온전한 가정 2 : 신앙 계승	히 11:6, 히 12:2	히 11:32~38
	10과	제자의 온전한 일과 일터	창 1:28, 마 5:16	마 25:14~30
	11과	제자의 온전한 선교	행 1:8, 딤후 4:2	요 17:15~19
	12과	십자가를 지는 유일한 길, 자기부인	골 1:28, 고후 10:5	눅 14:25~33

※ 과제물을 빠짐 없이 했을 때: O / 일부만 했을 때: △ / 전혀 하지 못했을 때: X

훈련일	교재 내용	예습	성구 암송	훈련 큐티	성경 통독	독서 과제	기도 생활	생활 과제	WEEKLY 제자의 삶 돌아보기	신앙 일기	성도의 교제

국제제자훈련원은 건강한 교회를 꿈꾸는 목회의 동반자로서 제자 삼는 사역을 중심으로 성경적 목회 모델을 제시함으로 세계 교회를 섬기는 전문 사역 기관입니다.

제자훈련 2.0 Ⅲ

온전한 제자의 삶

초판 1쇄 발행 2024년 11월 1일
초판 2쇄 발행 2025년 12월 30일

지은이 오정현
디자인 박세미 **일러스트레이션** 이재숙

펴낸이 박주성
펴낸곳 국제제자훈련원
등록번호 제2013-000170호(2013년 9월 25일)
주소 서울시 서초구 효령로 68길 98 (서초동)
전화 02-3489-4300 **팩스** 02-3489-4329
이메일 dmipress@sarang.org

ISBN 978-89-5731-909-3 04230

※ 독자의 의견을 기다립니다.